Lk 1190

LETTRES
D'UN VOYAGEUR
A L'EMBOUCHURE DE LA SEINE.

Se trouve aussi :

A PARIS,

Chez A. André, quai des Augustins, n. 59 ;
— Ponthieu et Cie, Palais-Royal ;

A ROUEN, chez Frère ;
A DIEPPE, chez Marais ;
A CAEN, chez Mancel ;
Au HAVRE, chez Chapelle ;
A ÉVREUX, chez Ancelle.

LETTRES
D'UN VOYAGEUR

A L'EMBOUCHURE DE LA SEINE,

CONTENANT

DES DÉTAILS HISTORIQUES, ANECDOTIQUES ET STATISTIQUES
SUR LES CONTRÉES DE LA NORMANDIE CONNUES SOUS LE NOM
DE PAYS DE CAUX, DE LIEUVIN ET DE ROUMOIS,
DANS LES DÉPARTEMENS
DE LA SEINE-INFÉRIEURE, DU CALVADOS ET DE L'EURE.

PAR M. A. M. DE ST.-AMAND,

ANCIEN ADJUDANT-MAJOR, AUTEUR DE LA PROMENADE AU CHATEAU ROYAL DU JARD,
MEMBRE DE LA SOCIÉTÉ LITTÉRAIRE D'ÉVREUX.

PARIS,
CHEZ GUIBERT, LIBRAIRE,
RUE GÎT-LE-COEUR, N° 10.

1828.

A

MADAME DE St.-AMAND.

C'est à vous, ma femme et ma meilleure amie, que je fais hommage du résultat de mon excursion dans cette Normandie que vous aimez tant; j'ai cherché à y décrire les sites que votre gracieux pinceau a souvent retracés avec succès. Les fautes de ce petit ouvrage m'appartiennent; votre tact et vos conseils m'ont guidé dans ce qu'il peut offrir de mieux.

EXPOSÉ

L'intérêt que le fleuve de la Seine, offre plus particulièrement à son embouchure, aux relations commerciales a été la matière de plusieurs ouvrages sur la navigation et la statistique ; mais personne n'avait jusqu'ici donné une description détaillée des beautés pittoresques et des vieux souvenirs que le voyageur étonné rencontre à chaque pas, depuis Lillebonne jusqu'au Havre, dans tout ce qu'on appelle le *pays de Caux*, et surtout, sur la rive gauche du fleuve, de *Quillebeuf* à *Pontaudemer* jusqu'à Honfleur, dans les contrées connues sous le nom de *Roumois* et de *Lieuvin*.

A l'aspect de tant d'admirables sites qui se rattachent à l'histoire par des faits remarquables, venaient se joindre des traditions populaires, des usages, des mœurs, dignes par leur singularité de sortir de l'oubli : un long séjour dans le pays m'a mis à même de les connaître et de les apprécier. On avait un voyage sur le cours du Rhône, un autre à l'embouchure de la Loire ; j'en essaie un à l'embouchure de la Seine.

Que M. Van-Praët, conservateur-administrateur de la Bibliothèque du roi, reçoive ici les témoignages de ma reconnaissance pour les matériaux nombreux qu'il a si obligeamment mis à ma disposition, et que M. Rever de Conteville, membre correspondant de l'Académie royale des inscriptions et belles-lettres, agrée de son côté tous mes remercîmens pour les notes qu'il a bien voulu me communiquer.

« Le voyageur trouvera là pour société une
« terre qui nourrira ses réflexions et qui occu-
« pera son cœur, des promenades qui lui diront
« quelque chose..... La pierre qu'il foulera aux
« pieds lui parlera. »

CHATEAUBRIAND, *Génie du Christianisme.*

LETTRE PREMIÈRE.

Bolbec. — Le pays de Caux. — Lillebonne. — César Auguste. — Théâtre romain. — Statue antique. — Guillaume-le-Bâtard. — Conquête de l'Angleterre résolue. — Conciles. — Donjons des D'Harcourt, seigneurs de Lillebonne. — État actuel de cette ville.

Vous aviez bien raison, mon ami, de me demander la relation de mon voyage; chaque pas excite en moi des sensations dont le partage me semble un besoin, et la promesse que vous me fîtes faire en partant est un vrai service que vous m'avez rendu. J'ai quitté hier à Bolbec la grande route de Rouen au Havre : puis j'ai gagné à pied l'ancienne capitale du pays des *Caleti* pour ne plus abandonner les rives du majestueux fleuve de la Seine. Je suis donc dans ce pays de Caux si vanté par sa richesse et la beauté de ses femmes, qui toutes, si l'on en croit Tristan le voyageur, « sont de fait d'une nature accomplie, « et où celui qui, les yeux fermés, en saisirait « une laide serait né bien malheureux pour en-

« courir un hasard qui n'a pas une chance sur
« mille. » Mais, hélas! Tristan voyageait au quatorzième siècle, et dans le dix-neuvième il faut un peu rabattre de cet éloge. La beauté des Cauchoises semble se perdre chaque jour avec l'ancien type de leur costume national ; les vêtemens de la ville remplacent presque partout les immenses coiffures pyramidales, et le chignon classique a disparu.

J'arrivai à Lillebonne à la nuit tombante; je me fis indiquer la demeure de M. A***, pour qui j'avais des lettres de recommandation; il me reçut à bras ouverts, et le lendemain, dès la pointe du jour, nous explorions ensemble ce que le pays peut offrir de curieux.

Julio Bona, dont nous avons fait *Lillebonne*, fut fondée par César Auguste, qui la nomma ainsi en l'honneur de sa fille *Julie*. Il la fit bâtir dans le double but de se rendre maître du fleuve de la Seine, et de jouir d'un site enchanteur. Bientôt cette cité devint sa ville bien-aimée, et il en fit la capitale du pays des *Caleti*, aujourd'hui pays de Caux. L'utilité de ce poste militaire une fois consacrée, l'empereur voulut y égayer ses fréquens séjours; un théâtre y fut bâti à grands frais, et les restes qu'on en a découverts récemment sont un témoignage assez positif de la magnificence et de l'importance du lieu. J'ai vu ces ruines vénérables qui retentissaient, il y a dix-huit siècles, des productions de Plaute et de Térence; j'ai admiré les traces si belles encore de ce peuple, qui ne taillait que dans le marbre et le granit, et j'ai rendu des actions de graces à l'administrateur qui a su arracher de semblables restes à la cupidité des spéculateurs en faisant diriger des fouilles que surveille de la manière la mieux entendue le magistrat de paix de Lillebonne, M. *Lechaptois*, ainsi que M. *Rever* (1), archéologue aussi instruit que zélé. Déjà des bronzes, des corniches, des moulures avaient été découvertes, lorsqu'à quelques pas du théâtre des ouvriers tirant de l'argile mirent au jour, en juillet 1823, une statue fruste en bronze doré, de six pieds de haut. Un semblable trésor mit en émoi tous les savans; chacun donna son avis sur le sujet qu'elle représentait, et M. Rever s'exprima de la manière suivante dans le rapport qu'il en fit au préfet du département de la Seine-Inférieure.

« C'est une véritable statue antique, haute de
« six pieds, entièrement et très-bien dorée, qui
« représentait, selon les apparences, le dieu Bac-
« chus. Elle est dans une nudité absolue; ses

---

(1) M. Rever a publié un Mémoire sur les ruines de Lillebonne, imp. Evreux, 1 vol. in-8°, 1821.

« cheveux, séparés au milieu du front, s'enrou-
« lent mollement en deux bourrelets qui, cei-
« gnant ses tempes, vont en descendant se réunir
« dans un nœud saillant derrière la tête : son
« embonpoint est régulier et sa pose aisée. »

Le gouvernement est en marché pour acheter un morceau aussi curieux. Espérons qu'on ne le laissera pas sortir de France.

Lillebonne conserva, long-temps encore après son fondateur, sa splendeur et sa réputation; mais les Saxons ayant fait des incursions sur nos côtes, elle fut une des premières villes qui tombèrent, dans le dix-neuvième siècle, sous leurs coups dévastateurs. Aux Saxons succédèrent les pirates de la Scandinavie; et les ducs normands, reconnaissant l'utilité de cette position, y établirent une nouvelle forteresse sur les débris romains. Guillaume-le-Bâtard y fixa fréquemment le lieu de sa résidence; et ce fut là qu'en 1066 il décida cette invasion à jamais célèbre, qui l'a placé au rang des héros, puisque c'est ainsi qu'on nomme un conquérant.

Édouard-le-Confesseur, de la race des Anglo-Saxons, venait de mourir sur le trône d'Angleterre sans laisser d'héritiers; il avait connu et apprécié le duc de Normandie, il lui laissa sa couronne; mais Harold, petit-fils d'un marchand de bœufs, favori du monarque anglais, s'était créé de nombreux partisans, il résolut de disputer le sceptre; Guillaume fit valoir ses droits, on lui cria d'outre-mer que le meilleur était celui du plus fort, et le duc songea à le prouver.

La capitale de la Normandie était Rouen, Guillaume allait y convoquer ses états-généraux; mais jugeant bientôt que les ennemis nombreux que lui avait suscités sa naissance chercheraient à soulever contre ses projets une population qui ne lui était pas aussi dévouée que celle de Lillebonne; Guillaume, dis-je, les réunit dans cette dernière ville, leur montra que Harold était un usurpateur, qu'il était de son honneur de poursuivre ses droits par la force des armes, et leur demanda conseil, aide, et secours d'argent. Après beaucoup de discours et de répliques en différens sens, les seigneurs accordèrent la parole à Fitz-Osbert, l'un d'eux, qui, voulant faire sa cour au duc, s'exprima ainsi : « Je ne crois pas, dit-
« il en s'adressant à Guillaume, qu'il y ait au
« monde des hommes plus zélés que ceux-ci :
« vous savez les aides qu'ils vous ont fournies;
« eh bien ! Sire, ils veulent faire davantage.... »
« Eh! non, non, s'écrièrent à la fois les assistans;
« nous ne vous avons point chargé d'une telle
« réponse, nous n'avons pas dit cela, cela ne sera
« pas. Qu'il ait affaire dans son pays, et nous le
« servirons comme cela lui est dû; mais nous ne

« sommes pas tenus de l'aider à conquérir le pays
« d'autrui : d'ailleurs, si nous le suivions outre-
« mer, il en ferait un droit et une coutume pour
« l'avenir, il en gréverait nos enfans : cela ne sera
« pas (1) ! » Le tumulte s'augmentait, Guillaume
jugea prudent de changer de manières; et, re-
nonçant à solliciter en corps, il les appela sépa-
rément. Après un accueil gracieux, le prince ne
trouva plus de rebelles, personne ne sut refuser
davantage, et dès lors fut résolue à Lillebonne
cette invasion à jamais mémorable, dont le résultat imposa pendant six siècles à l'Angleterre
des souverains qui devaient leur origine au petit-fils d'un peaucier de Falaise.

Aux assemblées politiques succédèrent à Lillebonne, quelques années plus tard, des conciles
religieux, convoqués pour remédier au relâchement de la discipline ecclésiastique; celui de
l'an 1080 fit perdre à jamais leurs bénéfices aux
prêtres convaincus de liaisons impudiques.

A quelques pas des ruines de l'ancien théâtre
romain passe la route de Caudebec à Lillebonne,
qui sépare ces débris antiques des restes impo-
sans encore d'un ancien château-fort du moyen
âge, construit vers la fin du douzième siècle. « Là,

---

(1) Histoire de la conquête de l'Angleterre par les Normands.
—Thierry.

« dit Bernardin de Saint-Pierre (1), s'élèvent de
« hautes tours crénelées, du sommet desquelles
« sortent de grands arbres qui paraissent dans
« les airs comme une épaisse chevelure : on aper-
« çoit çà et là, à travers les tapis de lierre qui en
« couvrent les flancs, des fenêtres gothiques qui
« ressemblent à des entrées de cavernes ; on ne
« voit voler autour de cette habitation désolée
« que des buses qui planent en silence, et si l'on
« y entend parfois la voix d'un oiseau, c'est celle
« de quelque hibou qui y fait son nid. Quand je
« me rappelai, à la vue de ce manoir, qu'il était
« autrefois habité par de petits tyrans qui, avant
« que l'autorité royale fût suffisamment établie
« dans le royaume, exerçaient çà et là leur bri-
« gandage sur leurs malheureux vassaux, et même
« sur les passans, il me semblait voir la carcasse
« et les ossemens de quelque grande bête fé-
« roce. »

Je suis monté au haut du principal donjon ;
quelle vue magnifique ! une vallée ravissante se
déroule à vos pieds, et va se confondre dans les
flots de la Seine animée par ses barques nombreuses, dont les voiles rougeâtres s'agitent au
milieu des airs. C'était de là, sans doute, que
l'homme d'armes du vieux temps veillait à la sû-

---

(1) Études de la nature.— BERNARDIN DE ST.-PIERRE.

reté de son seigneur et maître le maréchal baron d'Harcourt, un des plus vaillans capitaines dont s'honore la Normandie, et des plus anciens possesseurs de ce gothique manoir. Ce fut lui qui, sous Philippe-le-Bel, en 1296, indigné de voir les Anglais insulter nos marins sans motifs, se précipita sur la ville de Douvres, et y porta le fer et la flamme, pendant que son frère Raoul d'Harcourt, chanoine de Notre-Dame de Paris, faisait bénir son nom en fondant pour les pauvres écoliers de Bayeux, de Coutances, d'Évreux et de Rouen, un collège où l'instruction la plus soignée leur était donnée gratuitement (1).

Si l'histoire impartiale se plaît à présenter à la postérité ceux qui par d'imminens services ont bien mérité de la patrie, elle doit aussi flétrir le nom de ceux qui l'ont trahie, et de ce nombre fut Geoffroy d'Harcourt, seigneur de Lillebonne, guerrier distingué qui, ayant eu à se plaindre de quelques procédés de Philippe de Valois, n'hésita pas à aller offrir son bras au monarque anglais Édouard III, qui revendiquait la couronne de France, et à accepter le commandement de ses troupes, avec lesquelles il vint ravager la Normandie, pour aller terrasser ensuite les

---

(1) Collège d'Harcourt, rue de la Harpe, à Paris; aujourd'hui collège St.-Louis.

Français à la fameuse bataille de Crécy, en 1346.

Le comté de Lillebonne passa depuis par les femmes, en 1605, à Charles, duc d'Elbeuf, de la maison de Lorraine, qui laissa un fils marié à Catherine, fille naturelle de Henri IV et de Gabrielle d'Estrées. Cette famille s'éteignit en 1702, et le comté de Lillebonne, après avoir passé dans la maison de Rohan, appartient de nos jours à celle des princes de Croï.

Voilà, mon ami, ce que j'ai recueilli sur l'ancienne capitale des Caleti. Ce n'est plus de nos jours qu'un bourg assez chétif que l'histoire seule tirerait de l'oubli sans l'industrie de ses neuf cents habitans, qui expédient au loin les produits de leurs tanneries et de leurs filatures.

LETTRE II.

Château de Tancarville. — Querelle sanglante des seigneurs de Lillebonne et de Tancarville. — Chambellans des ducs de Normandie. — Le contrôleur-général Law et ses quatorze châteaux. — Orcher. — La marquise de Nagu. — Sources gypseuses. — Arrivée à Harfleur.

J'ai quitté hier Lillebonne, mon ami, et, suivant toujours les délicieux rivages de la Seine, je suis arrivé au château de *Tancarville*, situé sur un promontoire élevé qui domine le fleuve presque à pic.

J'apercevais au travers du feuillage ces nombreux arceaux gothiques, seules traces des fenêtres en ruines; je distinguais encore le vieux marronnier du Préau, à l'ombrage duquel le seigneur venait s'asseoir au sortir de la table, et, entouré de ses commensaux, devisait sur les tournois, la chasse et les belles, lorsque le son d'un cor se faisant entendre sur les faîtes du château annonçait l'arrivée de quelque paladin. Tantôt l'aventureux voyageur, baissant sa visière, demandait un asile au seigneur châtelain au nom d'un

Dieu de paix, pour lequel il allait combattre les infidèles ; tantôt, la tête exaltée par les rigueurs de sa belle, il croyait s'en acquérir les faveurs en défiant en champ clos le maître de céans, et l'obligeant sous ses coups multipliés d'avouer que sa mie était la belle des belles. C'était ainsi que se vidaient, entre seigneurs voisins, les querelles particulières et les injures personnelles. Avait-on l'humeur guerroyante, un bras vigoureux faisait justice de ceux qui pouvaient vous déplaire, et Thémis violentée ne connaissait que le plus fort ou le plus traître : un des premiers seigneurs de Tancarville en est la preuve :

« Au temps du roi Philippe-le-Bel (dit la chro-
« nique de Normandie), il y eut une grande dis-
« sension entre deux grands barons de Norman-
« die, c'est à savoir le sire de Harcourt et le
« chambellan de Tancarville, pour cause d'un
« moulin, et à prendre la possession y eut grand
« débat. Le Tors (ainsi nommé à cause d'une dif-
« formité naturelle) de Harcourt, lui cinquan-
« tième de gens armés, battit les gens au dit
« chambellan de Tancarville, et par force il eut
« possession du dit moulin. Le chambellan sut
« que ses gens furent villenés ; il fit semondre des
« hommes, et arriva avec ses amis, au nombre
« de bien trois cents, à Lillebonne, où étoient le
« sire de Harcourt et le Tors son frère. Là, vint

« courir le chambellan et leur cria grands oul-
« traiges et mauvaisetés; le sire de Harcourt l'en
« dementit, et eut grand assaut, car le dit sire de
« Harcourt issit aux barrières avec tous ses gens,
« et très-bien se défendirent et y eut gens tués
« de côté et d'autre. Le roi si les envoya adjour-
« ner par messire Enguerrand de Marigny à com-
« parer devant lui. Or avint comme ils alloient
« à Court, le sire de Harcourt trouva le cham-
« bellan et lui courut sus et lui creva du doigt
« de son gantelet l'œil senestre, puis s'en retourna
« à ses gens. Quand le chambellan fut guéri, il
« alla devant le roi et appella de gaige le dit sieur
« de Harcourt. Monsieur Charles de Valois, frère
« du roi, aimoit moult le sire de Harcourt, et le
« plegéa (1), et vint à Court. Messire Enguer-
« rand de Marigny, grand-conseiller du roi, dit
« que le sire de Harcourt avoit fait trahison;
« monsieur Charles dit non, messire Enguerrand
« dementit monsieur Charles, dont après le paya
« si cher qu'il en fut pendu ja soit qu'il fût prud'-
« homme. La bataille fut adjugée, et vint le sire
« de Harcourt en champ armé de fleurs de lys, et
« se combattirent les deux barons très-fièrement.
« Le roi d'Angleterre et le roi de Navarre, qui là

(1) *Pleger* signifiait en vieux langage, donner raison, faire raison, — protéger, — boire à la santé, à la prospérité de quelqu'un.

« étoient présens, dirent et prièrent au roi de
« France que la bataille cessât, et que dommage
« seroit si de si vaillans hommes comme ils étoient
« tuaient l'un l'autre, dont fut crié ho! de par le
« roi de France, et furent tous deux faits con-
« tens, et par les dits rois fut la paix faite vers
« l'an 1200. » L'histoire ajoute que le duc Harcourt fut condamné à une amende de 5o livres
tournois de rente envers le chambellan, amende
qui précéda le raccommodement que scella le roi
lui-même. Ainsi fut terminée par une aussi légère
punition le meurtre de plusieurs vassaux causé
par l'esprit turbulent des deux seigneurs voisins
de Lillebonne et Tancarville.

Je pénétrai dans l'intérieur des cours, en passant sous les voûtes gothiques d'une porte que
protègent deux massifs donjons couronnés de
machicoulis. C'est là le seul reste remarquable
de l'ancienne puissance des Tancarville, dont la
plupart des membres savaient mieux que celui
que je viens de citer employer leur temps et
leurs bras pour le bien de l'état.

« Les chambellans des seigneurs suzerains pré-
« paraient le bain des chevaliers errans et des
« voyageurs; ils gardaient l'or et l'argent de leurs
« maîtres, et surveillaient l'emploi de la riche
« vaisselle. Ils se tenaient près de la porte de la
« chambre du seigneur pour annoncer ceux qui

« entraient, et fournissaient les salles de joncs et
« de verdure (1). » Cette charge domestique, qui
était en même temps une dignité, fut exercée
pendant longues années auprès des ducs de Normandie, et même des rois de France, par les
Tancarville, qui obtinrent en 1220 de faire ériger cette ancienne baronnie en comté. L'un
d'eux suivit Guillaume-le-Conquérant en Angleterre, et si Louis-le-Gros, en 1119, avait écouté
les sages avis de Guillaume Tancarville, son
grand-chambellan et son favori, nous n'aurions
pas été battus par les Anglais à *Brenneville* près
des Andelys, où le roi de France, saisi par un
soldat ennemi, allait compléter leur triomphe,
lorsque, lui assénant un coup de hache, il se délivra de ses mains en s'écriant : *Ici comme aux
échecs, le roi n'est jamais pris.*

Descendant plusieurs siècles plus tard, ce
comté, sous la régence, fut acquis pour la
somme de 800,000 francs par le trop célèbre
écossais Law, qui l'avait à peine acheté qu'il fut
obligé de fuir la France, devenue la victime de
ses spéculations désastreuses.

Cette propriété, dont les ruines imposantes
indiquent seules aujourd'hui la vieille magnificence, devint par la suite le domaine des Montmorency, auxquels elle appartient encore.

---

(1) Histoire de la chevalerie, par LACURNE DE STE.-PALAYE.

La terrasse du château offre un des plus beaux coups-d'œil que l'on puisse rencontrer, dont un fleuve de deux lieues de large, des villes, des villages, et un horizon immense chargé de la plus belle végétation, ne sont pas les moindres ornemens.

Ce fut, dit-on, au milieu de ces voûtes sonores et de ces arceaux gothiques, que M. Pierre Le Brun, cherchant à se figurer qu'il habitait les ruines du trop célèbre château de Fotheringay, traça les plus belles scènes de sa tragédie de *Marie Stuart*. C'était là qu'en imagination il assistait aux débats de l'arrogante et cruelle Elisabeth avec l'infortunée Marie, qu'on croit entendre encore lorsqu'elle s'écrie :

Oui, vous fûtes injuste et cruelle envers moi.
Seule, sans défiance, en vous mettant ma foi,
Comme une suppliante enfin j'étais venue;
Et vous, entre vos mains vous m'avez retenue.
De tous les souverains blessant la majesté,
Malgré les saintes lois de l'hospitalité,
Malgré le droit des gens et la foi réclamée,
Dans les murs d'un cachot vous m'avez enfermée.
Dépouillée à la fois de toutes mes grandeurs,
Sans secours, sans amis, presque sans serviteurs,
Au plus vil dénûment dans ma prison réduite,
Devant un tribunal, moi reine, on m'a conduite.

(Acte III, scène IV.)

Continuant ma route, j'aperçus bientôt les avenues d'un château connu de tous les marins de ces parages, auxquels il sert d'indice pour éviter les bancs et les écueils que l'on rencontre à sa hauteur dans le bassin de la Seine; c'est le manoir d'*Orcher*, dont la structure massive et sans goût, bien que moderne, remplace une antique forteresse qui défendait jadis l'entrée du fleuve.

Parmi les premiers seigneurs de ce vieux domaine, l'histoire n'a tiré de l'oubli qu'un Robert d'Orcher, qui accompagna le duc de Normandie Robert-le-Diable à son pélerinage en Terre-Sainte, au commencement du onzième siècle; sept autres siècles s'écoulent, et la terre d'Orcher devient une des quatorze que possédait en France ce même Law dont je vous parlais tout à l'heure, qui, après avoir dilapidé des milliards, mourut, neuf ans après, dans l'indigence à Venise.

Ce château, qui dépend du village de Gonfreville, appartenait naguère encore à la bienfaisante marquise de *Nagu*, qui là, comme dans sa terre de la Meilleraye, ne comptait ses jours que par des bienfaits. Que la terre lui soit légère! les pauvres long-temps prieront pour elle.

En traversant le château, on arrive sur une plate-forme qui domine à pic sur des falaises blanchâtres, et laisse toujours jouir d'un coup-d'œil dont on ne peut se lasser; puis descendant au travers des bois et des rochers, on trouve, un peu au-dessus du niveau de la Seine, des sources dont la propriété n'est pas, comme l'ont avancé plusieurs voyageurs, de pétrifier les objets que l'on y laisse, mais bien de les envelopper d'un sédiment rougeâtre et gypseux, dont le contact de l'air altère la couleur et la dureté. Quelques amateurs du merveilleux ont parlé avec emphase des stalactites en cul-de-lampe, et des grottes profondes qui avoisinent cette source; ou leurs rapports sont exagérés, ou l'état des lieux n'est plus le même, car les excavations peu profondes que l'on aperçoit aujourd'hui dans le rocher, et les stalactites qui s'y distinguent, sont à peine dignes d'arrêter l'attention des voyageurs.

Le jour baissait, je quittai les falaises d'Orcher, que des milliers d'oiseaux de mer faisaient résonner de leurs cris aigus, et me dirigeant sur Harfleur, dont un crépuscule douteux laissait distinguer encore la pointe élevée du pâle clocher, j'y arrivai pour me reposer des fatigues de ma journée.

LETTRE III.

Harfleur. — Édouard-le-Confesseur. — Henri Beauclerc perd son fils au milieu des flots. — Philippe-Auguste et Jean-sans-Terre. — Harfleur pris d'assaut par Henri V. — Conspiration des Cent Quatre. — Bataille d'Azincourt. — Charles VII à Harfleur.

La jolie petite ville d'*Harfleur*, mon ami, que Monstrelet nommait jadis *le souverain port de Normandie*, située dans une vallée riante sur les bords de la Lézarde, fut autrefois d'une importance dont elle est bien déchue. Dans les temps anciens, c'était un point essentiel sur nos côtes, mais son port s'étant insensiblement comblé par les sables que le fleuve inconstant est venu y amasser, depuis les premières années du seizième siècle on songea à jeter les fondations de la ville du Havre. Dès ce moment, le commerce d'Harfleur commença à languir, et la révocation de l'édit de Nantes, en 1685, ayant forcé les nombreux religionnaires de cette ville à s'enfuir de France, la population d'Harfleur fut tellement réduite par ce funeste coup de politique, que la ville depuis ce moment ne put jamais s'en relever.

Aujourd'hui, ses fortifications sont démolies, des prairies couvertes de bestiaux remplacent son port sillonné jadis par des flottes nombreuses, son commerce est presque anéanti, et sa faible population va porter au Havre ses capitaux, ses bras, son industrie et, dans la saison, les fraises qu'elle cultive en abondance.

Les premières pages de l'histoire où le nom d'Harfleur se trouve inscrit remontent à l'an 1040, époque où les Danois disputaient aux Anglo-Saxons la couronne d'Angleterre.

Édouard-le-Confesseur, dont je vous ai déjà parlé, quitta ses états pour venir en personne solliciter des secours du duc de Normandie Guillaume, qui depuis lui succéda; il en obtint quarante vaisseaux et des troupes pour l'aider à ressaisir le trône de ses ancêtres, s'embarqua à Harfleur, arriva en Angleterre au moment où le danois *Canut-le-Hardi* venait d'expirer dans une orgie, et se fit couronner à sa place. Tout porte à croire que ce service du duc de Normandie n'était pas désintéressé, et que c'est à Harfleur que fut décidé entre ces deux princes que si Édouard mourait sans postérité il appellerait par testament Guillaume à lui succéder. Ce ne fut pas sans obstacle que le duc de Normandie vint à bout de s'emparer de l'héritage, qu'il dut conquérir à la pointe de son épée; mais dès lors sa dynastie s'établit solidement sur le trône d'Angleterre. Deux de ses fils lui succédèrent l'un après l'autre, et ses arrière-neveux régneraient peut-être encore sur les descendans des Angles, sans l'événement funeste qui se passa à Harfleur, et dont voici le détail (1):

Henri I*er*, dit *Beauclerc*, duc de Normandie, roi d'Angleterre, l'un des fils du conquérant, après avoir fait reconnaître son fils Guillaume, âgé de dix-huit ans, par les états de son royaume, fit un voyage en Normandie avec lui, dans le même but. Après quelques mois de séjour, pendant l'année 1120, le roi, accompagné de son fils, de plusieurs de ses enfans naturels, et d'une suite nombreuse, se disposa à repasser le détroit.

« La flotte (2) fut rassemblée dans le mois de
« décembre dans le port d'Harfleur. Au moment
« du départ, un certain *Thomas* vint trouver le
« roi, et lui offrant un marc d'or lui parla ainsi:
« Étienne fils d'Erard, mon père, a servi toute sa
« vie le tien sur mer, et c'est lui qui conduisait le
« vaisseau sur lequel ton père monta pour aller à la

(1) Quelques auteurs placent cet événement à Barfleur, mais le plus grand nombre s'accordent à dire que c'est d'Harfleur que partit le roi d'Angleterre.

(2) Histoire de la Conquête de l'Angleterre par les Normands. — Thierry.

« conquête : seigneur roi, je te supplie de me bail-
« ler en fief le même office. J'ai un navire appelé
« *la Blanche nef*, et appareillé comme il faut. Le
« roi répondit qu'il avait choisi le navire sur le-
« quel il voulait passer, mais que, pour faire droit
« à la requête du fils d'Étienne, il confierait à sa
« conduite ses deux fils, sa fille, et leur cortège.

« Le vaisseau qui devait porter le roi mit le
« premier à la voile par un vent de sud, au mo-
« ment où le jour baissait, et le lendemain matin
« il aborda heureusement en Angleterre. Un peu
« plus tard, sur le soir, partit l'autre navire.
« Les matelots qui le conduisaient avaient de-
« mandé du vin au départ, et les jeunes passagers
« leur en avaient fait distribuer avec profusion.
« Le vaisseau était manœuvré par cinquante ra-
« meurs habiles. Thomas fils d'Étienne tenait le
« gouvernail, et il naviguait rapidement par un
« beau clair de lune. Les matelots, animés par
« le vin, faisaient force de rames pour atteindre
« le vaisseau du roi ; trop occupés de ce désir,
« ils s'engagèrent imprudemment parmi des ro-
« chers à fleur d'eau dans un lieu appelé alors
« *Raz de Catte*, aujourd'hui *Ras de Catteville*.
« *La Blanche nef* donna contre un écueil de toute
« la vitesse de sa course, et s'entr'ouvrit par le
« flanc gauche. L'équipage poussa un cri de dé-
« tresse qui fut entendu sur les vaisseaux du roi,

« déjà en pleine mer; mais personne n'en soup-
« çonnait la cause. L'eau entrait en abondance,
« le navire fut bientôt englouti avec tous les pas-
« sagers, au nombre de trois cents personnes,
« parmi lesquelles il y avait dix-huit femmes.
« Deux hommes se retinrent à la grande vergue,
« qui resta flottante sur l'eau; c'était un boucher
« de Rouen nommé Béraud, et un jeune homme
« d'une naissance plus relevée, appelé Godefroy,
« fils de Gilbert de Laigle.

« Thomas, le patron de *la Blanche nef*, après
« avoir plongé une fois, revint à la surface de
« l'eau. Apercevant les têtes des deux hommes
« qui tenaient la vergue,—Et le fils du roi, leur
« dit-il, qu'est-il arrivé de lui?—Il n'a point
« reparu, ni lui, ni son frère, ni sa sœur, ni per-
« sonne de leur compagnie.—Malheur à moi!
« s'écria le fils d'Étienne, et il replongea volon-
« tairement. Cette nuit de décembre fut extrê-
« mement froide, et le plus délicat des deux
« hommes qui survivaient, perdant ses forces,
« lâcha le bois qui le soutenait, et descendit au
« fond de la mer en recommandant à Dieu son
« compagnon. Béraud, le plus pauvre de tous les
« naufragés, dans son justaucorps de peau de
« mouton se soutint à la surface de l'eau; il fut
« le seul qui vit revenir le jour : des pêcheurs le
« recueillirent dans leurs barques; il survécut,

« et c'est de lui qu'on apprit les détails de l'évé-
« nement. »

C'est ainsi qu'Harfleur, qui avait vu se décider qu'une race nouvelle régnerait sur l'Angleterre, vit le dernier rejeton de cette même dynastie, après un siècle à peine écoulé, périr en sortant de ses murs.

Plus de cent quarante jeunes seigneurs des premières maisons d'Angleterre et de Normandie furent enveloppés dans ce désastre. Henri espéra pendant trois jours que son fils avait pu être jeté sur quelque plage éloignée de l'Angleterre; mais lorsqu'on lui apporta les nouvelles certaines de sa perte, il s'évanouit, et on remarqua que depuis cet événement fatal il ne lui échappa jamais le plus léger sourire.

Cent ans s'étaient passés depuis cet événement, lorsque le roi Philippe-Auguste, en apprenant la lâche cruauté de Jean-sans-Terre, duc de Normandie, qui venait d'assassiner Arthur de Bretagne, son neveu, saisit avidement l'occasion de s'emparer de ce magnifique duché, depuis long-temps l'objet de sa convoitise. Déjà vainement le monarque anglais avait été appelé comme vassal du roi de France pour rendre compte de son indigne conduite, un dernier message lui fut adressé d'Harfleur, où se trouvait alors le roi Philippe; et Jean, sans s'inquiéter de tant d'éclat, perdit dès lors sa plus belle province, sans que la nouvelle de la confiscation pût déranger ce lâche et apathique monarque d'une partie d'échecs qui l'absorbait en ce moment.

Nous arrivons à l'époque brillante des annales historiques d'Harfleur. Charles VI, monarque en démence, laissait gouverner la France sous son nom; Henri V, souverain entreprenant, tenait le sceptre d'Angleterre : il vit la France déchirée par des guerres intestines, et jugeant le moment favorable, il réclama impérieusement les provinces que les rois ses ancêtres y avaient possédées ; il prévoyait la réponse, et à peine était-elle prononcée, que ses armées envahissaient la Normandie.

Le 14 août 1415, il débarqua devant Harfleur, qui n'avait que quatre cents hommes de garnison, commandés par un seigneur d'*Étouteville*. Les assiégés se défendent avec un courage héroïque; quarante jours s'écoulent, les vivres et les munitions manquent à la fois; les malheureux habitans sont obligés de se rendre à discrétion à une armée de trente mille hommes, et le roi, dans le ravissement de ce premier succès, va nu-pieds en rendre graces à Dieu dans l'église paroissiale, où il fait vœu d'élever sous peu de jours, à la place du temple modeste qui existait alors, un monument digne de ses premiers lauriers; il sort du sanctuaire, et sans laisser au pied des autels la fureur dont l'avait animé la noble résistance des habitans, il ordonne, dans son implacable courroux, que seize cents familles, dépossédées de leurs biens et chassées de leur terre natale, seront emmenées prisonnières à Calais. Il fait réunir les chartres, franchises et titres de propriété, sur la place publique, les fait livrer aux flammes, repeuple la ville d'Anglais, reconstruit les fortifications, et fidèle au vœu qu'il a fait de relever le temple du Seigneur, il croit faire oublier de l'Éternel ses tyrannies et ses cruautés en édifiant avec faste un monument qui a résisté aux outrages du temps.

C'est le clocher d'Harfleur, debout pour nous apprendre
Que l'Anglais l'a bâti mais ne l'a su défendre (1).

En effet, vingt années s'étaient à peine écoulées, que quelques anciens habitans, qui avaient obtenu sous les conditions les plus dures de rester dans leur berceau, virent enfin briller pour eux des jours plus prospères : une conspiration se trame dans le silence, des intelligences se propagent dans les communes environnantes,

(1) Casimir Delavigne. Discours en vers pour l'ouverture du théâtre du Havre.

l'heure est indiquée, les murailles sont franchies, et cent quatre Harfleutais, après avoir massacré la garnison anglaise, rendent leur ville à la France en 1435.

C'est en mémoire de ce glorieux événement qu'on sonne depuis, tous les matins à la pointe du jour, heure de l'attaque, cent quatre coups de cloche pour en perpétuer le souvenir. Quarante braves Normands perdirent la vie dans cette glorieuse affaire : pourquoi l'histoire ne nous a-t-elle conservé que les noms de Grouchi, de Montreuil, et de Bellai !

Mais revenons au monarque anglais, que nous avons laissé rendant graces de sa victoire dans l'église d'Harfleur. L'été, qui s'était déclaré, depuis son débarquement, par des chaleurs étouffantes, avait engendré dans son armée des maladies contagieuses; chaque jour elle s'affaiblissait : il fut enfin contraint de songer à regagner son royaume, et ayant renvoyé des vaisseaux de transport qui n'auraient pu rester sans péril à l'ancre dans les parages d'Harfleur, il fut obligé d'aller par terre à Calais pour gagner un lieu de sûreté.

Une armée française de quatorze mille cavaliers et de quarante mille gens de pied s'assemblait dans ces entrefaites en Normandie, sous les ordres du connétable d'Albret. Ces forces, si elles eussent été prudemment conduites, suffisaient pour écraser les Anglais en rase campagne, ou pour réduire à rien leur petite armée avant qu'elle pût achever sa marche longue et difficile; Henri le vit, et offrit prudemment le sacrifice de sa conquête d'Harfleur en échange d'un passage libre à Calais. La cour de France rejeta cette proposition, et l'armée française alla attendre les Anglais dans les plaines d'*Azincourt*: réduits au désespoir, et ne songeant qu'à vendre chèrement leurs jours, ils firent de si étonnans prodiges de valeur, que les Français, accablés, inscrivirent, en prenant la fuite, ce désastre à côté de ceux de *Crécy* et de *Poitiers*.

Henri VI, roi d'Angleterre, marchant sur les traces de son père, continuait ses conquêtes en France; mais ayant marqué son nom d'un opprobre ineffaçable, en livrant aux flammes l'héroïne de Vaucouleurs, l'indignation s'empara de tous les Français; Charles VII en personne résolut de reprendre sur lui la ville d'Harfleur, dont il s'était emparé. Il s'y exposa beaucoup, dit Monstrelet, *ès fossés et ès mines, sa salade sur la tête et son pavois en main*, et reprit sur les Anglais, en septembre 1449, cette place, dont la possession fut bientôt suivie de celle de toute la Normandie, et même de la France, qu'il acheva de conquérir à la bataille de Fourmigny, près de Bayeux, en 1450.

Ici se termine, mon ami, l'historique d'Harfleur. Je vous parlerai demain de ce qu'on nomme ses *folies*.

LETTRE IV.

Folies d'Harfleur. — Fêtes des Fous, des Sous-Diacres, des Cornards, de l'Ane, de la Mère folle. — La scie d'Harfleur. — Cossé Brissac. — Punition des maris violens.

Les folies d'Harfleur, mon ami, sont un de ces déréglemens d'imagination qui, dans le douzième siècle, s'étaient emparés de toutes les têtes en France, et semblaient tirer leur origine primitive des saturnales du paganisme, où les maîtres servaient leurs esclaves. Ici les corporations religieuses avaient plus particulièrement pris l'initiative. Les prélats se voyaient représentés dans les rôles principaux par les diacres, les enfans de chœur, les sonneurs, les bedeaux; et toutes ces orgies, connues sous le nom général de *fête des Fous*, étaient distinguées dans beaucoup de villes par des dénominations particulières, sur lesquelles il faut me permettre une petite digression avant d'arriver à *la scie d'Harfleur*.

A Paris, c'était la fête des *Sous-Diacres*, nommée par dérision des *diacres-soûls*, qui, après avoir choisi parmi eux un évêque des fous, le décoraient des habits pontificaux, l'installaient sur un siège élevé dans le chœur de l'église, le jour de l'Épiphanie, dansaient autour de lui en proférant des chansons obscènes, encensaient ce prélat éphémère avec des morceaux de cuir brûlé, et terminaient la journée en couvrant l'autel de viandes et de vins qu'on buvait et mangeait dans le temple pour compléter l'orgie (1).

À Évreux, le 1er mai, se célébrait la fête des *Cornards* ou de *Saint-Vital* : tous les habitans, armés de feuillages (2), et conduits par le clergé du bas-chœur, marchaient en procession dans la ville. Les chapelains portaient leurs surplis à l'envers, les enfans de chœur jetaient du son dans les yeux des passans, et les sonneurs distribuaient de petites galettes, qui lancées avec force au visage des regardans, avaient pris de là le surnom de *casse-museaux*; licence effrénée, boisson outre mesure, terminaient la burlesque cérémonie.

À Beauvais, une jeune et jolie fille tenant un enfant dans ses bras, montée sur un âne richement enharnarché, formait la tête d'une proces-

(1) Mémoire pour servir à la fête des fous, par Dutilliot.
(2) Essais historiques, etc., sur le comté d'Evreux, par M. Masson de St.-Amand, ancien préfet du département de l'Eure.

sion où figurait tout le clergé. On entrait dans l'église, la messe commençait, et tout ce que le chœur chante était terminé par ce joli refrain, *hihan, hihan;* au lieu de l'*ite missa est*, le prêtre chantait trois fois *hihan*, et le peuple lui répondait *hihan* par trois fois. D'abondantes agapes terminaient la cérémonie, connue sous le nom de fête de *l'Ane*, célébrée, disait-on, en l'honneur de celui qui porta Notre Seigneur à son entrée à Jérusalem (1).

A Reims, c'était une folie totalement différente : les chanoines de la cathédrale allaient processionnellement à l'église Saint-Remi, rangés sur deux files, chacun d'eux traînant derrière soi un hareng attaché à une corde; chaque chanoine était occupé à marcher sur le hareng de celui qui le précédait, et à sauver le sien des surprises du suivant (2).

Sans pouvoir indiquer toujours le motif de tant de réunions ridicules, je citerai la fête du *Prévot des Étourdis*, à Bouchain; des *Gaillardons*, à Châlons-sur-Saône; des *Enfans sans Souci*, du *Régiment de la Calotte* et de la *Confrérie de l'Aloyau*, à Paris : je terminerai cette énumération par quelques mots sur la *Mère*

---

(1) VELY, Histoire de France, t. III, Philippe II, 1223.
(2) Improvisateur français, art. *Hareng*.

folle, de Dijon, dont au moins un but moral, ainsi qu'à la fête d'Harfleur, semblait racheter les désordres. Le personnage de la Mère folle, dont la bannière représentait une marotte, laissait lire ces deux vers :

Le monde est plein de fous, et qui n'en veut point voir
Doit se tenir tout seul, et casser son miroir.

Arrivait-il dans la ville quelque mariage bizarre, quelque séduction, quelque rapt, l'infanterie dijonnaise (car c'était ainsi que se nommait la procession de la Mère folle) était sur pied; on habillait une personne de la troupe de même que celui à qui l'événement était arrivé, on s'étudiait à le représenter au naturel, et souvent la crainte des huées de la Mère folle empêchait de commettre de mauvaises actions : *Castigabat ridendo mores* (1).

Reprochait-on tant de désordres aux personnes les plus graves qui en faisaient partie ? « Nous ne faisons pas toutes ces choses-là sé-
« rieusement, disaient-ils, mais par jeu seule-
« ment, afin que la folie qui nous est naturelle
« s'écoule du moins par là une fois chaque année.
« Les tonneaux de vin creveraient si on ne leur

---

(1) Essais historiques et biographiques sur Dijon, par Girault.

« ouvrait quelquefois la bonde pour leur don-
« ner de l'air; c'est pour cela que nous donnons
« quelques jours aux jeux et aux bouffonneries,
« afin de retourner ensuite avec plus de joie et
« de ferveur à l'étude et aux exercices de la re-
« ligion (1). »

La folie d'Harfleur était connue dans le pays, sous le nom de fête *de la Scie*, et devait, dit-on, son origine à l'époque de la conquête de l'Angleterre, où plusieurs seigneurs de la ville et des environs, avant de suivre leur duc outre-mer, avaient formé une réunion pour se secourir au besoin et célébrer dans leurs assemblées la guerre et les belles; ils se nommaient alors la *chevalerie d'Harfleur*. Les combats, les maladies et le temps, anéantirent tant de valeureux chevaliers dont la tradition seule avait laissé le souvenir, lorsque, vers le commencement du seizième siècle, quelques habitans songèrent à créer de nouveau cette antique folie, en lui donnant pour but la bombance, la gaieté, et la défense d'un sexe timide.

Charles de Cossé-Brissac, maréchal de France, était depuis 1544 gouverneur d'Harfleur : on le pria d'honorer cette réunion en la présidant; il y consentit, et depuis lors elle prit le nom de

---

(1) Mémoire pour servir à la fête des fous, par Dutilliot.

scie d'Harfleur, parce que la place du président, pendant son absence, était couverte par l'écusson de ses armes, où se trouvait une scie, devenue, à dater de ce moment, l'emblème de la société. On jura, la main sur ce fer, d'observer les statuts, et chaque récipiendaire le baisait au moment de son admission.

Le jour de la fête était le mardi gras. Dès le matin, une troupe de gens déguisés et masqués avec luxe, formaient une cavalcade précédée de clairons et de trompettes, qui faisant résonner les échos de leurs fanfares se dirigeaient sur le Havre (1); à leur aspect, la sentinelle s'avance : au *qui vive!* est répondu : *folie d'Harfleur*; les portes s'ouvrent; et au milieu d'une foule immense la procession de *la Scie* se transporte chez les autorités, auxquelles on accorde l'honneur insigne de baiser les dents des extrémités de l'instrument, dont le milieu seul est réservé pour l'échevin et le gouverneur d'Harfleur. Deux masques portent la lame dentelée, et deux autres les suivent armés d'une espèce de sceptre orné de rubans, sceptre connu dans le jargon de cette férie sous le nom de *bâton friseux;* ce sont les deux montans en bois où la scie doit être emmanchée.

(1) Essais archéologiques, historiques et physiques sur les environs du Havre, par M. P... Au Havre. Imp. 1824.

Après avoir fait le tour de la ville du Havre, on retourne à Harfleur avec le même cérémonial; on s'arrête sur la place : en y arrivant, on se concerte, et la troupe, avant de se rendre au banquet officiel, se dirige vers la maison d'un individu dont la brutalité maritale est connue de tout le quartier : on frappe à sa porte à coups redoublés; le coupable lui-même se présente; un profond silence règne de toutes parts, et aussitôt deux masques lui enjoignent avec gravité, au nom de la *scie d'Harfleur*, de garder chez lui le *bâton friseux*, jusqu'à ce qu'un époux reconnu dans la ville pour avoir corrigé sa femme d'une manière trop énergique ait encouru l'humiliation de voir amener pompeusement à son domicile le redoutable *bâton friseux*.

La leçon de morale est donnée : au silence ont succédé les huées de la populace; et la cavalcade, ayant accompli son œuvre, se retire pour aller terminer la journée dans les galas et les *joyeusetés*.

Vous voyez, mon ami, que les Harfleurtais, au milieu de leur folie, ont conservé le respect qu'avaient leurs pères pour ce beau sexe dont ils prenaient si bien la défense envers et contre tous; et qu'au milieu de la gaieté de la génération actuelle, la raison sait encore trouver place. Aussi la révolution, qui avait fait justice de toutes les fêtes que je vous ai citées, n'a pu atteindre celle d'Harfleur, où le *bâton friseux*, depuis l'an 1821, est redevenu le gage de la tranquillité des dames et la terreur des maris violens.

Adieu, mon ami; c'est du Havre que je daterai ma lettre prochaine.

LETTRE V.

Graville. — Sainte Honorine; ses miracles. — Pèlerinage des sourds. — Château des seigneurs de Graville. — Supplice de Mallet de Graville. — Prise du château d'Évreux. — Port de l'Heure. — Notre-Dame-des-Neiges. — Singulier droit féodal. — Le Hoc. — La Lézarde.

J'AI quitté Harfleur hier de grand matin, avec le ferme désir d'explorer sur les bords de la Seine tous les lieux dignes de remarque jusqu'au Havre. Quel aspect varié! quel paysage plein de charmes! Me voici au village de *Graville*, mentionné dans nos plus vieilles annales sous le nom de *Gerardi-Villa*, dont la position dominait, au septième siècle, une baie où les flottes des pirates normands vinrent souvent se mettre à l'abri des tempêtes. Un grand nombre d'entre eux partis de ce mouillage, se dirigeant vers Lutèce, arrivèrent, en cotoyant les bords du fleuve, au monastère de Conflans (1), où l'on conservait précieusement les restes sacrés de sainte Honorine.

(1) Au confluent de l'Oise et de la Seine.

L'apparition des pirates jeta partout l'épouvante, et les moines s'enfuirent emportant les reliques de la vierge martyre ; quelques-uns d'eux connaissaient des habitans du village de Graville, et ce fut là qu'ils mirent en dépôt le corps de la sainte, dont la présence ne tarda pas à être révélée dans le pays par les miracles qu'elle opérait. Comme elle rendait surtout, disent les vieilles chroniques, la liberté aux prisonniers de guerre, lorsqu'ils l'imploraient avec ferveur, chaque jour voyait arriver des foules de paladins, d'archers, et de gens d'armes qui, délivrés des mains des féroces habitans du nord, venaient offrir leurs actions de graces à la vierge sainte Honorine.

Des siècles s'écoulèrent ; le féroce Scandinave avait cessé de mettre la France au pillage ; le diocèse de Paris (treizième siècle) redemanda les reliques précieuses de la sainte, confiées jadis aux habitans de Graville, qui tout pénétrés de douleur les virent s'éloigner de leurs murs ; mais le sarcophage y était resté, et les fidèles, pleins de respect pour le lieu dépositaire pendant si long-temps de ces dépouilles vénérées, ne cessèrent d'y adresser leurs prières et leurs offrandes. Des gens riches et puissans y firent maintes largesses, et de ce nombre fut la famille des *Mallet* de Graville, qui possédait près du sanctuaire un magnifique manoir. Un de ces anciens seigneurs, qui avait suivi Guillaume en Angleterre, y mourut en laissant d'abondantes aumônes pour l'église de Graville, et quelques-uns de ses descendans y firent venir de l'abbaye de Sainte-Barbe en Auge (entre Plainville et Mézidon, département du Calvados) six chanoines réguliers, qui, jouissant là paisiblement d'un revenu annuel de quarante mille livres, *pétrissaient* encore le tranquille *embonpoint du canonicat* à l'époque où commença la révolution française.

Le sarcophage sacré, qui avait été placé dans l'intérieur de l'église, était presque entièrement engagé dans le mur; au-dessus se voyait une ouverture circulaire, dans laquelle les pèlerins passaient la tête pour se guérir de la surdité; on y entendait un bruissement semblable à des flots agités, et l'on citait des exemples de sourds pleins de foi à qui l'ouïe avait été rendue en sortant de la chapelle. Cette minutieuse et puérile pratique dura jusqu'à nos jours; mais un curé sage et désintéressé a paru à Graville, et, distinguant la religion de l'Évangile des momeries du moyen âge, il a fait murer la miraculeuse excavation (1).

L'église et le monastère, dont il subsiste en-

(1) Voy. Essais archéologiques, hist., etc., sur les environs du Havre, par M. P.....

core de beaux restes (1), sont situés à mi-côte, sur une terrasse élevée qui, dominant les rives bocagères du Lieuvin, que l'on aperçoit au-delà du fleuve, offre un des aspects remarquables du pays de Caux.

Au pied de la côte est l'emplacement qu'occupait jadis un château-fort entouré de donjons : c'est là que venaient s'abriter au neuvième siècle les barques scandinaves. Cette baie n'existe plus; des éboulemens réunis aux sables amoncelés du fleuve, qui chaque jour encombre ces bords, ont formé au pied de Graville un large banc, qui a éloigné la mer de ces parages. Le château a disparu il y a près de cinquante ans, et quelques anciens de la contrée y ont encore vu d'énormes anneaux de fer scellés dans les murs, pour y amarrer, plusieurs siècles avant, les navires et les barques des pêcheurs.

Un des premiers seigneurs de cette suzeraineté fut Mallet de Graville, dont la fin déplorable, en 1356, pourrait servir de leçon à bien des ambitieux. Le roi de Navarre, Charles-le-Mauvais, avait résolu de détrôner le roi de France Jean, son beau-père : à force de promesses magnifiques, il avait fait embrasser sa cause à plusieurs

---

(1) Voyage pittoresque et romantique en France, par TAYLOR, CAILLEUX, CH. NODIER, etc.

seigneurs puissans, et de ce nombre était Mallet de Graville, qui le suivait dans tous ses voyages.

Le dauphin (depuis Charles V) venait d'être nommé duc de Normandie; feignant de se rendre aux perfides insinuations du roi de Navarre, qui, à plusieurs reprises, avait cherché à lui rendre odieux le roi Jean son père, il lui indiqua un rendez-vous dans son château de Rouen, avec les seigneurs de sa suite. Le Navarrois, ne pensant pas qu'on pût dissimuler mieux que lui, s'y rendit sans défiance. Jean avait été prévenu par son fils : il arrive incognito à Rouen, pendant que les princes prenaient leur repas, fait cerner le château par ses troupes, puis, entrant subitement dans la salle du festin, il se saisit de son gendre et de tous ceux qui l'accompagnaient. La délibération sur le sort des conspirateurs ne fut pas de longue durée; Charles-le-Mauvais fut envoyé au *Château-Gaillard*, tandis que, conduits sur un chariot dans un champ voisin, quatre des principaux, du nombre desquels était le seigneur de Graville, furent décapités, leurs têtes exposées, et leurs corps pendus par les aisselles à un gibet.

A cette nouvelle, tous les partisans du roi de Navarre coururent aux armes; mais le roi de France, sans leur donner de repos, marcha sur Évreux, s'en empara, et en nomma gouverneur, ainsi que du château-fort, Oudart, seigneur de Montigny.

Cependant Graville avait laissé en mourant un fils, Guillaume, qui, persévérant dans la rébellion de son père, résolut de se venger, en mettant tout en œuvre pour faire triompher le parti du Navarrois. Évreux était un point important; il résolut de s'en emparer, et voici comment il s'y prit. « Le gouverneur Oudart, homme
« froid et flegmatique, transmettait dans la ville
« ses ordres, du château où il faisait sa résidence,
« et dont il passait rarement le guichet extérieur.
« Guillaume de Graville, depuis un certain temps,
« dans l'attitude d'un oisif valétudinaire, se ren-
« dait sur l'esplanade, comme pour y passer le
« temps et se promener au soleil. Insensiblement
« le châtelain s'était accoutumé à la vue journa-
« lière du promeneur; il se permettait même de
« temps à autre avec lui quelques lieux communs
« de conversation. »

Messire Guillaume (dit Froissard) *voyant un jour le châtelain au guichet, s'approcha de lui petit à petit en le saluant moult honorablement; celui-ci se tint coi en lui rendant son salut; tant fit messire Guillaume qu'il vint jusques à lui, puis commença à parler d'aucunes oisivetés, lui demandant s'il avoit point ouï les nouvelles qui couroient. Aucunes, dit le châtelain, moult désirant savoir; mais, s'il vous plaît, apprenez-les-nous.*

« Là-dessus, Graville entama un narré de nou-
« velles, toutes plus extraordinaires les unes que
« les autres, et avec des réticences qui annon-
« çaient l'homme au courant, mais réservé. D'où
« savez-vous donc tout cela? dit Montigny. — Je
« le tiens, répond Guillaume, d'un de mes amis,
« très-bien informé, qui, en m'écrivant, m'a en
« même temps envoyé » *le plus beau jeu d'échecs
qu'on vit onc. Or, trouva-t-il cette bourde, pourtant qu'il savoit que le châtelain aimoit moult le
jeu d'échecs.*

« Nouveau motif de curiosité pour Montigny;
« Graville propose d'envoyer chercher le jeu,
« pour le lui faire voir et en faire une partie.
« L'offre est sur-le-champ acceptée; l'ordre est
« donné tout bas par Guillaume à son fidèle va-
« let, et cet ordre est d'amener en toute célérité
« des bourgeois cachés dans la ville, et dévoués
« au roi de Navarre. Graville, d'une manière in-
« différente, fait l'offre au châtelain de passer en
« dedans tous les deux pour causer et jouer avec
« plus de loisir; Oudart, plein de confiance, y
« consent. Graville était entré le premier; le châ-
« telain, qui le suivait, mettait à son tour le pied
« en avant, et baissait la tête pour passer sous
« le guichet, Graville au même moment, déve-
« loppant une large houppelande qui le couvrait,

« saisit une hache cachée sous son bras, et en as-
« sène un coup sur la tête du châtelain, » *telle-
lement qu'il le pourfendit jusques aux dents, et
l'abattit mort à ses pieds;* « il appelle aussitôt les
« siens à grands cris, et les Navarrois, maîtres
« du château, s'emparent bientôt de la ville, qui
« dès lors devint le point central de la défense
« de tout le pays contre le roi Jean (1). »

La terre de Graville passa depuis au cardinal
de Bourbon, archevêque de Rouen, que les ligueurs proclamèrent un moment roi de France,
sous le nom de Charles X, puis au cardinal de
Richelieu, qui l'avait achetée deux cent quarante-cinq mille francs.

Me voici au hameau de *l'Heure* ou *l'Eure*; rien
de plus riant que son aspect, de si fertile que les
plaines qui l'environnent; mais aussi, par une
cruelle compensation, combien son séjour est
nuisible! La vue des habitans excite la compas-
sion; ils sont dévorés, à l'automne et au printemps,
par une fièvre endémique qui mine leur constitu-
tion : leur teint est pâle, leur regard languissant,
leur démarche débile (2). La ferme que l'on aperçoit non loin de là est bâtie sur le lieu même où
fut construite, en 1294, une chapelle qui, du

---

(1) Essais historiques, etc., du comté d'Evreux, par M. Masson
de St.-Amand.

(2) Essais archéologiques sur le Havre, etc., par M. P.

nom de son fondateur, se nomma d'abord *la Quesnée* (1), et plus tard fut dédiée à Notre-Dame-des-Neiges, à l'instar de celle du même nom, fondée à Rome, dans le quatrième siècle, sur un emplacement, disent les légendaires, trouvé couvert de neige au mois d'août. Celle-ci dépendait jadis de l'abbaye du *Vallace*, près de Bolbec. Sous les murs de cet oratoire était un mouillage de peu d'importance, où chaque bâtiment qui s'arrêtait devait un droit d'octroi, que sa bizarrerie a fait exhumer des vieux recueils. « Chaque marchand verrier, y est-il dit, arri-« vant au port de l'Heure, est obligé de donner « au prévôt le plus grand de ses verres ; celui-ci « le remplit de vin, que le marchand doit vider « tout d'une haleine ; s'il y manque, il est forcé « de donner un second verre. »

Les médisans prétendent que le vin du prévôt était si loin du Chambertin, que, ne pouvant venir à bout d'en boire la première gorgée, le pauvre marchand se résignait à faire don d'un second verre, plutôt que d'avaler un si perfide breuvage.

L'ancien port de l'Heure a été envahi, au quinzième siècle, par des alluvions venant de la pointe

---

(1) Il existe encore des Normands de ce nom. L'un est lieutenant-général, premier écuyer du duc de Bourbon, et son fils est colonel d'un régiment de ligne.

du *Hoc*, vieux mot saxon qui signifie crochet et d'où ce rivage tire son nom, à cause de sa courbure en cet endroit. Il servit autrefois de lazaret aux vaisseaux assujettis à quarantaine; et, par les soins de l'administration, un nouvel établissement de ce genre s'y forme pour recevoir les bâtimens qui, se dirigeant sur le Havre, peuvent présenter quelque danger dans leur communication.

C'est là que la modeste *Lézarde* vient se jeter dans la mer; c'est là, pourrait-on le croire! cette rivière qui, en 1415, a gémi sous le poids des quinze cents vaisseaux du roi d'Angleterre, Henri V, venant assiéger Harfleur et ravager la France. Adieu, mon ami, je vous quitte, et veux tâcher d'arriver ce soir au Havre.

LETTRE VI.

Le Havre.— L'hôtel des Indes. — Louis XII, fondateur de la ville.— François Ier.— La Grande Françoise.— Le Caracon.— Françoiseville.— Coligny.— Villegagnon.— Le Havre livré aux Anglais, et repris par Brissac. — Henri III. — Henri IV. — Louis XV et Louis XVI.— Napoléon et Marie-Louise.— Monseigneur le Dauphin.— Madame, duchesse de Berry.

Je suis arrivé fort tard hier au Havre. On m'avait indiqué l'hôtel des Indes, qui se trouve sur le quai, vis-à-vis du bateau à vapeur, et j'espérais y trouver un repos que la dernière journée m'avait rendu nécessaire; mais il en était autrement ordonné. Plusieurs navires, rangés dans le bassin sous les fenêtres de l'hôtel, devaient appareiller dans la nuit; vous ne vous feriez qu'une faible idée des cris réitérés des matelots et du grincement aigu des poulies. Enfin, le jour commençait à poindre, le sommeil avait vaincu tous les obstacles, lorsqu'une voix de stentor me cria au travers de ma porte: « Le bateau à vapeur va partir! » Je me réveillai en sursaut pour maudire les erreurs d'auberge, et, me voyant dans l'impossibilité de continuer ce repos ébauché, je mis le temps à profit en parcourant la ville.

Le Havre est une place assez médiocrement fortifiée, dont les anciens quartiers sont noirs et infects; mais l'arrivée par la route de Paris ne manque pas de noblesse, et les rues nouvelles, les quais et les bassins, qui forment la ceinture intérieure de la ville, sont dignes de l'attention du voyageur. Après avoir admiré le tribunal et la vaste place qui le précède, j'allai voir l'hôtel-de-ville, dont la salamandre de François Ier décore la porte d'entrée. C'est à ce souverain que le Havre doit une grande partie de son augmentation et de ses embellissemens primitifs; mais c'est à tort qu'on l'en regarde comme le fondateur; tout l'honneur doit en être rendu à Louis XII, qui en posa, vers 1509, les premières pierres, d'après les représentations qui lui furent faites, que le port d'Harfleur s'encombrant de plus en plus par les sables, une ville de défense devenait nécessaire à l'embouchure de la Seine.

La politique, des guerres extérieures, absorbèrent bientôt l'attention de ce souverain, et la construction de la ville s'opérait de la manière la plus lente, lorsque François Ier monta sur le trône de France. Prenant à cœur de continuer l'entreprise de son beau-père, il y occupa des ouvriers nombreux, et, non content d'encourager par sa présence les travaux de cette ville, dans les fréquens séjours qu'il y faisait, il voulut dès son origine illustrer ce port, en y ordonnant une construction navale dans des dimensions jusqu'alors inconnues. Cet énorme château marin, nommé *la Grande Françoise*, destiné à aller combattre les Turcs (1), contenait un jeu de paume, exercice favori du roi, une forge mue par l'eau de la mer, un moulin à vent, et était capable, dit-on, de porter deux mille tonneaux (2). Le commandement en fut donné au chevalier *Villiers de Lille-Adam*, neveu du fameux grand-maître de Rhodes. Chacun admirait ce gigantesque vaisseau; mais il fallut le faire sortir; il ne put franchir la barre, et resta immobile engagé dans les sables. En vain on saisit les grandes marées, elles ne purent le soulever, et une violente tempête mit en pièces cette merveille, aussi coûteuse qu'inutile, de la marine de ce temps.

François Ier, ne perdant pas de vue les circonstances favorables pour une ville naissante, fit réunir au Havre (3) une flotte qui devait envahir l'Angleterre, dont le roi, Henri VIII, au mé-

---

(1) En 1533.
(2) Toussaint du Plessis, Description de la Normandie.
(3) En 1544.

pris des traités, venait naguère de ravager les côtes de France.

Le bienfaiteur du Havre vint donc y passer en revue son armée navale, et, après avoir fait exécuter de nombreuses évolutions sous ses yeux, il allait se rendre à bord d'un énorme bâtiment surnommé *le Caracon*, où l'amiral Chabot, gouverneur de la Normandie, lui avait préparé une fête, lorsque des flammes qui s'élevaient annoncèrent l'embrasement de ce vaisseau, causé par l'imprudence des cuisiniers. La foule vint avec empressement féliciter le roi d'avoir échappé à un si grand péril; et *le Caracon*, traîné par des rameurs, alla achever de se consumer à une lieue en vue du port. Tout danger avait cessé, l'ordre avait reparu, la flotte mit à la voile, et alla au-devant des Anglais; mais, ne pouvant les déterminer à accepter le combat, elle fit une descente dans l'île de Wight, qu'elle ravagea : avantage bien futile, si on le compare aux énormes dépenses qu'avait occasionées l'armement!

François Ier mourut l'année suivante, avec le regret de voir que les habitans de cette ville continuaient à donner à leur cité, malgré tout ce qu'il avait fait pour eux, ce nom de Havre, du village originaire, de préférence à celui de *Françoiseville*, qu'il s'était flatté que la reconnaissance leur ferait adopter : mais l'habitude irréfléchie des peuples est souvent plus forte que le désir et la volonté des rois.

Le fils de François Ier hérita de l'intérêt que son père portait au Havre ; il y vint, l'augmenta et l'embellit.

Une lueur de tolérance religieuse se montrait alors en France; Paris voyait s'élever dans ses murs plusieurs temples consacrés au culte réformé ; mais nombre de protestans, ne pouvant oublier les massacres commis sous le règne précédent à Cabrières et Mérindol, vinrent solliciter leur co-réligionnaire, l'amiral Coligny, gouverneur du Havre, de leur prêter aide et protection pour fuir un pays où, même au milieu des démonstrations les plus amicales, ils devaient peu compter sur leur sûreté. L'amiral y consentit; et, profitant de la faveur dont il jouissait à la cour, il obtint de faire armer, dans ce port, trois bâtimens destinés, disait-on, à former un établissement de commerce au Brésil. Tous les protestans du pays de Caux et d'une partie de la Normandie furent prévenus de se rendre au Havre, et *Ville-Gagnon*, bien qu'il fût chevalier de Malte, entouré de missionnaires que Calvin lui-même avait envoyés de Genève, prit le commandement de l'expédition. « Le caractère na-
« tional ne peut s'effacer, dit M. de Chateau-
« briand. Dans les colonies nouvelles, les Espa-

« gnols commencent par bâtir une église, les
« Anglais une taverne, et les Français un fort. »
C'est ce qu'ils firent, en élevant, à leur arrivée
au Brésil, le fort Coligny; et déjà ils commen-
çaient à prospérer dans leur établissement,
lorsque la division et les maladies, s'introduisant
parmi eux, mirent fin à une colonie dont la
France aurait pu retirer d'avantageux résultats.

Ville-Gagnon, voyant son autorité méconnue,
abandonna les parages américains, revint en
France, et rentra, dit-on, sur la fin de ses jours,
dans le sein de l'église romaine, qu'un grain
d'ambition lui avait fait quitter.

Cependant les huguenots, soutenus vers cette
époque par un parti qui s'accroissait en France,
faisaient chaque jour de nouveaux progrès.

Philippe II, roi d'Espagne, craignant que
ces sectaires ne se répandissent dans les Pays-
Bas, venait de se lier secrètement avec les
Guises, dont il avait acheté l'appui par six mille
hommes de troupes et des sommes considérables, pour renforcer l'armée catholique. A
cette nouvelle, le prince de Condé, chef des
protestans, se crut autorisé à agir de même
pour son parti. Il traita avec Élisabeth, reine
d'Angleterre, offrit de remettre entre ses mains
une ville de guerre, si elle lui envoyait de l'argent et trois mille hommes de troupes; elle y con-

sentit ; et la France n'apprit pas sans indignation que plusieurs milliers d'Anglais, commandés par *Dudley* comte de *Warvick*, venaient de s'emparer du Havre.

La paix se signa l'année suivante ; Charles IX réclama le Havre ; le comte de Warvick, fidèle aux ordres déloyaux de sa cour, s'y refusa : assiégé par le maréchal de Brissac, il vit bientôt sa garnison, dénuée de vivres, en proie à une épidémie qui lui enlevait chaque jour une partie de ses soldats. Réduit à capituler, il évacua la ville, retourna en Angleterre, et porta à Londres une maladie qui fit périr plus de vingt mille personnes dans la même année.

La reddition du Havre fut suivie d'un traité de paix (1), et un *Te Deum* fut chanté dans toutes les métropoles pour annoncer que les Anglais venaient d'être chassés du territoire de France.

Le Havre avait possédé Henri III : Henri IV parcourant la Normandie y séjourna à son tour : « J'ai ouï parler, dit-il aux députés de cette « ville qui étaient venus le complimenter à « Rouen, que vous me prépariez des fêtes ; em- « ployez à aider ceux qui ont souffert de la « guerre, cet argent que vous destinez à de

(1) 15 avril 1564.

« vaines pompes; ils y trouveront leur compte,
« et moi aussi. »

Louis XV, à l'instigation de madame de Pompadour, vint se distraire au Havre de la monotonie de Versailles; et si cette excursion (1), marquée par des fêtes nombreuses, ne se signala par aucun but d'utilité, il n'en fut pas de même du voyage qu'y fit son successeur, l'infortuné Louis XVI (2), à son retour de Cherbourg. On l'attendait avec la plus vive impatience, toutes les rues sur son passage étaient ornées de fleurs et d'inscriptions. La première qui devait frapper la vue du monarque, et que l'on trouve rapportée dans quelques ouvrages du temps (3), se ressent plus du zèle des professeurs qui l'avaient composée que de leur verve poétique. Elle était ainsi conçue :

Conçois tout ton bonheur, ô Neustrie, et jouis,
Dans son fils (4), dans tes ports, des faveurs de Louis.

La suivante, tracée sur la porte de la douane,

---

(1) En 1749.
(2) En 1785, juin.
(3) Lettre à M. *** sur le passage de sa majesté Louis XVI d'Honfleur au Havre, et son séjour en cette ville, par Trupel. Impr. 1786. Brochure in-8.
(4) Le fils de Louis XVI, qui mourut au Temple, avait reçu en naissant le nom de duc de Normandie.

sans briller par son éloquence, avait au moins sur la première l'avantage de bien rendre une pensée juste. La voici :

Protecteur du commerce et des arts des Français,
Respecté sur les mers, adoré sur la terre,
Louis, en acceptant un impôt nécessaire
Ne reçoit en tributs que pour rendre en bienfaits.

Le lendemain de l'arrivée du roi au Havre, il lui fut présenté à son lever un paon blanc, de la part de madame de Flamarens, abbesse de l'abbaye royale de Montivilliers. « Il n'était dû, dit un écri- « vain de cette époque, qu'un paon ordinaire, mais « madame de Flamarens a cru ne pouvoir mieux « témoigner au roi son respectueux attachement « qu'en excédant les bornes qui lui étaient pres- « crites par les titres (1). » Louis XVI visita tout par lui-même, accueillit tous les habitans avec cette touchante bonté qui lui gagnait les cœurs, et quitta la ville au milieu des témoignages multipliés de la reconnaissance des Havrais.

Près de vingt années s'écoulèrent, et le Havre reçut la visite du premier consul de la république française. M. Sery, maire de la ville, le

---

(1) Nos ancêtres avaient une espèce de vénération pour les paons ; on les regardait comme la viande *des preux*. Le vœu du paon était célèbre dans l'ancienne chevalerie.

complimenta, et c'est alors que Bonaparte, après avoir exprimé le désir qu'il avait de voir prospérer le commerce, ajouta cette phrase, que les Normands n'ont pas oubliée : PARIS, ROUEN ET LE HAVRE, NE FONT QU'UNE SEULE VILLE, DONT LA SEINE EST LA GRANDE RUE. Si déjà cette assertion remarquable était vraie, que dira-t-on à présent que douze années d'une paix rendue à la France par ses rois légitimes, ont donné un si vaste essor au commerce et à l'industrie ?

Huit ans plus tard, le premier consul, devenu empereur, vint de nouveau visiter cette ville (1), accompagné de l'impératrice Marie-Louise. Il examina les points où des batteries de côte pourraient, avec avantage, empêcher l'approche des Anglais; et se rendant ensuite aux désirs de sa nouvelle épouse, il accepta toutes les fêtes qui lui furent offertes. Marie-Louise voulut assister à une pêche en pleine mer, un navire élégamment pavoisé l'y transporta; elle passa à bord d'un bateau pêcheur, et voulut mettre sa patience à l'épreuve en s'armant d'une ligne; le mot avait été donné, des plongeurs inaperçus attachèrent une proie à son hameçon. La jeune princesse crut la réussite de bon aloi, et la plaisanterie du patron de la barque fut récompensée par cinquante pièces d'or.

(1) Mai 1810.

Le Havre, depuis la restauration, a possédé deux princes de la famille royale; monseigneur le Dauphin, qui, par sa présence en 1817, donna l'essor à des travaux importans, terminés peu après, et Madame, duchesse de Berri, qui y passa de trop courts instans en 1824, à son retour des bains de Dieppe.

Voilà, mon ami, la récapitulation assez exacte des brillantes visites dont le Havre s'honore.

LETTRE VII.

— La jetée. — Phares de la Hève. — Édouard III à Barfleur. — La Hougue. — Bataille de Fourmigny.—Guillaume-le-Bâtard sur la Dive. — Départ pour la conquête. — Sidney Smith prisonnier.— Reflux de la Manche.— Cap de la Hève.

J'AI parcouru hier le Havre dans tous les sens, mon ami, et partout ma curiosité et mon intérêt ont amplement trouvé de quoi se satisfaire. J'étais accompagné d'un aimable habitant de la ville à qui l'on m'avait adressé, et j'eus lieu plus d'une fois d'apprécier son instruction et son obligeance. La vue de la jetée principale a mérité d'abord toute notre attention. Quel aspect ravissant! Sur la gauche se dessinent au loin les pointes de Quillebœuf et de Tancarville, presque en face Honfleur et ses environs bocagers; à droite l'immensité! le ciel et l'eau se confondent, et l'on ne voit pas sans effroi le faible esquif luttant, à l'horizon, contre les vents et les flots conjurés.

Ici, est le promontoire de la Hève; deux phares le dominent, et indiquent au nocher les parages dangereux et ceux qui lui seront favorables. Construits à la fin du règne de Louis XV, le goût qui a présidé à leur architecture ne se ressent heureusement pas des festons, des astragales, et du style tourmenté mis à la mode dans les monumens publics à cette époque où tous les arts semblaient dégénérer. Douze réflecteurs plaqués en argent éclairent, par vingt-quatre becs alimentés d'huile, l'embouchure de la Seine et la pleine mer depuis le jour de l'avénement de Louis XVI au trône; c'était un bienfait: le malheureux monarque signala sa vie par des institutions de ce genre, comment l'en a-t-on récompensé? Nous sommes montés au haut des phares où sont placés ces fanaux, élevés à trois cent quatre-vingt-cinq pieds au-dessus du niveau de la mer (1); quel aspect sublime! La plus pompeuse description ne ferait qu'affaiblir les sensations que l'on éprouve en embrassant à la fois quatre des plus riches départemens de la France et le cours sinueux de cette majestueuse rivière qui vient à vos pieds porter son tribut au roi des eaux. Depuis le commencement de mon

(1) Les phares ont 15 pieds de fondation, 85 pieds de hauteur au-dessus du sol, 385 pieds au-dessus du niveau de la mer. On y monte par 102 ou 103 marches.

voyage je n'ai admiré que des détails; c'est ici que je puis juger de leur ensemble, c'est ici que, les yeux constamment fixés sur le vaste élément, je me rappelle la gigantesque comparaison du chantre de l'*Iliade*, qui s'écrie, en parlant des chevaux du soleil :

Autant qu'un homme assis au rivage des mers,
Voit d'un roc élevé d'espace dans les airs,
Autant des immortels les coursiers intrépides
En franchissent d'un saut.....
(BOILEAU.)

Muet et immobile, j'étais absorbé par la majesté du spectacle qui se déroulait devant moi, lorsque mon guide, me tirant de ma rêverie, me fit observer un point noir que vingt lieues séparaient de nous : c'était *Barfleur*, où le monarque anglais, Édouard III, de funeste mémoire, disputant la couronne de France à Philippe de Valois, vint débarquer (1), et de là nous battre à l'Écluse. « Passons vite, lui dis-je : que vois-je un peu plus loin ?—C'est La Hougue, où le même souverain, six ans plus tard, vint encore se jeter sur la France, et nous accabler à Crécy.» Je baissai les yeux; mais mon cicérone, aussi français que moi, « Ici la scène change, me

---

(1) En 1340.

dit-il d'une voix animée, voici le clocher de *Fourmigny*, où Charles VII battit les Anglais, et les chassa de Normandie (1). Là-bas commence la chaîne des rochers du *Calvados*, ainsi appelés du nom d'un vaisseau espagnol qui se perdit sur ces récifs, pendant le dix-septième siècle. Ici... — « mais quelle est donc la magie de la
« gloire! un voyageur aperçoit un fleuve qui n'a
« rien de remarquable; il passe, et continue sa
« route; mais si quelqu'un lui crie c'est la *Dive*,
« il recule, ouvre des yeux étonnés, demeure
« les regards attachés sur le cours de l'eau,
« comme si cette eau avait un pouvoir magi-
« que, ou comme si quelque voix extraordinaire
« se faisait entendre sur la rive : et c'est un
« seul homme qui immortalise ainsi un petit
« fleuve (2)! » C'est Guillaume-le-Bâtard qui a rendu la Dive à jamais mémorable, en rassemblant à son embouchure trois mille navires et soixante mille hommes avec lesquels il alla conquérir l'Angleterre, déployant sur son bâtiment une bannière bénite par le pape, autour de laquelle s'agitaient ses voiles nombreuses, montrant à tous les yeux les trois léopards, enseigne des Normands. »

(1) En 1450.
(2) CHATEAUBRIAND, Itinéraire. — Il parle du fleuve le Granique.

Au triste souvenir de nos revers avait succédé à mes yeux le glorieux rappel de nos succès, et je songeais avec fierté que d'un même coup d'œil j'embrassais ces rivages d'où un roi de la Grande-Bretagne voulut en vain gravir le trône de France, tandis qu'un duc de Normandie, s'élançant de ces bords, n'avait eu qu'à paraître en Angleterre pour la soumettre pendant des siècles.

« Vous voyez d'ici des batteries armées de pièces d'artillerie ; elles nous rappellent les vains efforts que firent tant de fois les Anglais pour détruire le Havre, dont l'ennemi le plus acharné vers la fin du dernier siècle, sir *Sidney Smith*, trouva dans ces eaux un échec à sa réputation.

« Commandant de cette station au printemps de 1796, l'impétueux commodore, voulant faire un coup d'éclat, paria cent guinées avec un de ses officiers, qu'il enlèverait un navire de guerre nommé *le Renard*, qui se trouvait sous les batteries de la ville. Quelques canots de sa division venaient de s'emparer du corsaire du Havre *le Vengeur*; il le monta pour s'approcher sans éveiller les soupçons, mais le vent et la marée l'entraînèrent dans la Seine, et il fut obligé d'y demeurer jusqu'au lendemain. Dès la pointe du jour tous les canots de sa division lui furent expédiés pour le remorquer; la vue de cette longue file donna quelques soupçons au commandant du Havre, des bateaux canonniers se portèrent à la rencontre du *Vengeur*; la ruse fut reconnue, on livra combat; et après une résistance de deux heures, dans laquelle plusieurs officiers anglais perdirent la vie, le commodore fut contraint de se rendre. Les Havrais, au comble de la joie en voyant entre leurs mains celui qui leur avait causé tant de maux, ne crurent pas avoir un lieu assez sûr pour le garder, l'envoyèrent à Rouen, et de là à Paris, d'où, après deux années de prison au Temple, il vint à bout de s'évader, courut se jeter dans la ville de Saint-Jean-d'Acre en Syrie, et eut la gloire d'obliger le général Bonaparte à en lever le siège. »

La conversation animée de mon guide m'avait fait presque oublier que j'avais, à quatre heures, un rendez-vous au Havre; je l'en prévins, il était déjà tard pour y retourner à pied; il me proposa de prendre une des barques que nous apercevions au bas du rocher, et nous partîmes à force de rames. Tout en admirant cet énorme promontoire de la *Hève* que nous venions de franchir, je demandai à mon intéressant compagnon de voyage l'origine de ce nom. « Rien n'est certain à ce sujet, me répondit-il, mais un enfant du Havre ne doit pas oublier l'aimable fiction à laquelle Bernardin de Saint-Pierre attribue cette origine, ainsi que celle du reflux de la Manche dans la Seine :

« La Seine, fille de Bacchus et nymphe de « Cérès, avait suivi dans les Gaules la déesse des « blés, lorsqu'elle cherchait sa fille Proserpine « par toute la terre. Quand Cérès eut mis fin à « ses courses, la Seine la pria de lui donner, en « récompense de ses services, la prairie qu'elle « arrose maintenant ; la déesse y consentit, et « accorda de plus à la fille de Bacchus, de faire « croître des blés partout où elle porterait ses « pas. Elle laissa donc la Seine sur ses rivages « actuels, et lui donna pour compagne et pour « suivante la nymphe *Héva*, qui devait veiller « près d'elle, de peur qu'elle ne fût enlevée par « quelque Dieu de la mer, comme sa fille Pro-« serpine l'avait été par celui des enfers.

« Un jour que la Seine s'amusait à courir sur « le sable en cherchant des coquilles, et qu'elle « fuyait, en jetant de grands cris, devant les flots « de la mer, Héva, sa compagne, aperçut sous les « ondes les cheveux blancs, le visage empourpré, « et la robe bleue de Neptune ; elle jeta un grand « cri, et avertit la Seine, qui s'enfuit aussitôt vers « les prairies ; mais le dieu des mers avait aperçu la « nymphe de Cérès, et, touché de sa bonne grace « et de sa légéreté, il poussa sur le rivage ses « chevaux marins. Déjà il était près de l'atteindre, « lorsqu'elle invoqua Bacchus, son père, et Cé-

« rès, sa maîtresse : l'un et l'autre l'exaucèrent;
« et dans le temps que Neptune tendait les bras
« pour la saisir, tout le corps de la Seine se fon-
« dit en eau; son voile et ses vêtemens verts,
« que les vents poussaient devant elle, devinrent
« des flots de couleur d'émeraude, et elle fut
« changée en un fleuve qui se plaît encore à par-
« courir les lieux qu'elle aimait étant nymphe.

« Neptune, malgré la métamorphose, n'a cessé
« d'en être amoureux; mais la Seine garde encore
« son aversion pour lui : deux fois par jour il la
« poursuit avec de grands mugissemens, chaque
« fois la Seine s'enfuit dans les prairies, et, re-
« montant vers sa source, contre le cours naturel
« des fleuves, elle sépare en tout temps ses eaux
« vertes des eaux azurées de Neptune.

« Héva mourut de regret de la perte de sa maî-
« tresse; mais les Néréides, pour la récompenser
« de sa fidélité, lui élevèrent sur le rivage un
« tombeau de pierres blanches et noires, qu'on
« aperçoit de fort loin. Par un art céleste, elles
« y enfermèrent même un écho, afin qu'Héva,
« après sa mort, prévînt par l'ouïe et par la vue
« les marins des dangers de la terre, comme pen-
« dant sa vie elle avait averti la nymphe de Cé-
« rès des dangers de la mer. Cette montagne
« porte à présent le nom de cap de la Hève, et est
« en tout temps, par la baie qui y fut creusée

« par les Néréides, un havre assuré contre les
« fureurs de Neptune. »

Mon guide terminait la gracieuse citation de l'auteur de Paul et Virginie, lorsque nos matelots, *nageant* (1) avec force, entrèrent dans le bassin du Havre. Je mis pied à terre pour vaquer à quelques affaires dont on m'a chargé ici; et j'ai passé ma soirée à vous raconter, mon ami, ce que vous venez de lire. Je reste encore quelques jours dans cette agréable ville, attendez-vous à de nouveaux détails.

(1) Pour ramer, terme du pays.

LETTRE VIII.

Joseph II.— Sainte-Adresse.— Le comte de Forbin.— Ingouville. Cabinet d'un naturaliste. — Salle de spectacle. — Prison du grand Condé. — Bassesse d'un ministre. — Pensées philosophiques.— Émigration des Suisses.— Lord Selkirck.

Je suis encore allé hier matin de bonne heure sur la jetée, pour respirer le vent frais de la mer; et là, contemplant avec sécurité les vagues en furie, qui venaient se briser au pied du mole, je me disais avec l'empereur Joseph II, lorsqu'il vint au Havre (1) : « Non, je ne me lasse « point d'admirer cet élément, qui rapproche « toutes les parties du globe, et étend si forte- « ment les idées ! »

Le temps ne m'avait pas permis de revenir, lors de ma course aux phares, par la route ordinaire; je m'y dirigeai de nouveau en suivant la grève; et laissant sur ma droite le faubourg du *Perrai*, ses établissemens de bains et ses

(1) En 1777, sous le nom de comte de Falkenstein.

chantiers de construction, j'arrivai au gracieux village de *Sainte-Adresse*, connu dans les temps anciens sous le nom de *Saint-Denis-du-chef-de-Caux.* «Sainte Adresse, dit un auteur moderne, est
« une béate de la façon des marins, qui racontent
« son origine, tant soit peu profane, de la manière
« suivante : Emporté par les courans, et près de
« se briser sur la Hève, qui se prolongeait alors
« fort au loin dans la mer, un vaisseau allait pé-
« rir: les matelots découragés avaient abandonné
« la manœuvre, le pilote, oubliant son gouver-
« nail, imitait le reste de l'équipage, et recom-
« mandait son ame à saint Denis, qui était alors
« le patron du village prochain. — Mes amis,
« dit le capitaine, qui, dans cette circonstance,
« avait conservé toute sa présence d'esprit, saint
« Denis n'est pas le seul qu'il faut invoquer en
« ce moment, vouons-nous aussi à sainte Adresse,
« son pouvoir est souverain pour nous faire en-
« trer au port (1). — Les matelots reprirent cou-
« rage, le navire aborda au Havre, et la sainte
« imaginaire a supplanté dans ce village le pa-
« tron de la France. »

L'auteur qui cite ce trait fait honneur au marin d'un mouvement qui n'était peut-être pas celui de son ame ; je croirais, au contraire, que

---

(1) Le Havre et ses environs. — MORLENT, 2 vol. in-12.

ce capitaine avait séjourné dans les états romains, et que son invocation à la prétendue sainte Adresse n'était qu'un reste de l'habitude des Italiens, qui ne manquent pas de tout sanctifier dans leurs momens d'admiration, de crainte ou de colère. Le fait suivant en fait foi : un prélat romain, qui avait été nonce à Bruxelles, se rappelant, au milieu de l'ardeur d'une fièvre brûlante, le plaisir qu'il y éprouvait en buvant de la bière au cœur de l'été, s'écria : *Sancta birra di Bruxelles;* les assistans, croyant qu'il invoquait quelque sainte qui leur était inconnue, répondirent *ora pro nobis.*

Mais si j'entache ainsi la réputation de bravoure d'un marin resté inconnu, je citerai en compensation le courageux comte de Forbin, chef d'escadre, qui voyant, au moment d'un danger, ses matelots, au lieu de réunir leurs efforts, invoquer le secours de leurs célestes patrons, s'écria : « Allons, amis, du courage, l'eau nous gagne; réunissons nos bras et nos vœux pour *sainte Pompe;* » et il se tira d'affaire.

Le propos de ce vaillant amiral du roi de Siam m'amène naturellement à un fait qui le regarde, et qui se passa en vue du Havre.

En 1689, Louis-le-Grand ayant déclaré la guerre à l'Angleterre, pour soutenir la branche des Stuarts contre la maison d'Orange, le commerce du Havre sollicita une escorte pour se rendre aux Indes, et Jean Barth, ainsi que le comte de Forbin, furent chargés de la commander.

« Quand nous fûmes par le travers de l'île de « Wight, dit ce dernier (1), à notre sortie du « Havre, nous fûmes chassés par deux vaisseaux « anglais de cinquante pièces de canon; nous « les abordâmes, le combat fut long et sanglant, « et dura deux grandes heures : les deux tiers de « mon équipage avaient été tués, j'avais reçu « moi-même six blessures plus incommodes que « dangereuses.... Pendant que j'étais ainsi mal-« mené, Barth, de son côté, avait perdu la plus « grande partie de son monde, et avait été blessé « à la tête... Enfin, nous voyant entièrement hors « de défense, nous rendîmes nos deux frégates, « et l'on nous mena à Plymouth, d'où je vins à « bout de m'échapper au bout de plusieurs mois « par les fenêtres de ma prison. Je me présentai à « Paris au ministre surpris, qui me demanda par « où diable j'avais passé. — Par la fenêtre, mon-« seigneur, lui repartis-je; — et il se prit à rire.»

Mais me voici à *Ingouville*, dont les nombreuses terrasses en amphithéâtre laissent jouir d'un aspect sur lequel l'œil même de l'habitant

---

(1) **Mémoires** du comte de Forbin.

ne saurait se blaser. C'est de ces sommets, que M. Casimir Delavigne, en contemplant la riante vallée, une ville hérissée de navires, et cet horizon dont la diversité ne le cède qu'à l'étendue, s'écriait avec un enthousiasme bien naturel pour son délicieux pays :

Après Constantinople il n'est rien de plus beau !

On m'avait parlé d'un cabinet particulier d'histoire naturelle, qu'on peut voir à Ingouville, moyennant une légère rétribution; j'admirai l'ordre et le choix des objets, et j'en sortis étonné que la ville ne se décide pas à acquérir une collection déjà précieuse, et qu'elle aurait tant de moyens d'augmenter chaque jour (1).

En rentrant dans le Havre par l'élégante porte de Paris, je m'arrêtai devant la nouvelle salle de spectacle, dont l'heureuse position, en face d'un immense bassin, me parut aussi étonnante que les treize cents mille francs qu'a coûtés sa mesquine architecture, et je sus que la tragédie des *Vêpres siciliennes*, production d'un enfant du Havre, avait dignement célébré son inauguration, en 1823.

J'allai ensuite contempler dans la citadelle le bâtiment de la manutention des vivres de la gar-

(1) Ce cabinet fort curieux est la propriété de M. Hauville.

nison, connu sous le nom de : *Prison des princes :* je crus voir la *petite* fenêtre du *grand* Condé, et je pensai que c'était peut-être là jadis que le vainqueur de Rocroy cultivait, comme à Vincennes, ces œillets qui trompaient l'ennui de sa captivité.

Jugé criminel pour avoir disputé le pouvoir à un astucieux ministre, il fut renfermé dans cette maison du Havre, pendant l'année 1650, avec son frère, le prince de Conti, et son beau-frère, le duc de Longueville. Mais la faveur du cardinal Mazarin faiblit, et aussi lâche dans le malheur qu'arrogant dans la prospérité, il courut ouvrir lui-même la prison des princes, et se jeta aux genoux du grand Condé, qui, étonné de tant de bassesse, sourit de mépris, dit mademoiselle de Montpensier, *en voyant un cardinal qui lui baisait la botte.*

On me montra ensuite l'endroit où le cardinal de Richelieu, nommé, en 1626, surintendant général de la navigation et du commerce, avait fait établir (lorsqu'à ce titre il joignit celui de gouverneur du Havre) une fonderie royale de canons, dont aucune pièce ne sortait sans porter son nom ou son chiffre. Il y avait loin de là à l'*Ecclesia abhorret à sanguine.*

Je continuais lentement ma route, en m'arrêtant à chaque pas sur le bord des bassins, pour considérer attentivement cette réunion d'indivi-

dus et de productions de tous les pays : près d'un navire où l'on déchargeait du café était une société nombreuse et choisie d'hommes et de femmes élégantes; la curiosité m'y porta; rien de particulier n'attirait leurs regards, et ils semblaient savourer en silence le parfum des ballots aromatiques, lorsqu'un monsieur d'un certain âge s'adressant à la personne qu'il avait à ses côtés, « Vous ne vous doutez pas, dit-il, mesdames,
« des peines qu'ont coûtées vos plaisirs; pendant
« que vous n'êtes occupées qu'à jouir, un La-
« pon va, au milieu des tempêtes, harponner la
« baleine, dont les barbes serviront à faire bouf-
« fer vos robes; un Chinois met au four la porce-
« laine où vous prendrez le café, un Arabe de
« Mocka est occupé à recueillir pour vous, et
« une fille du Bengale file votre mousseline sur
« les bords du Gange, tandis qu'un Russe abat
« au milieu des sapins de la Finlande le mât du
« vaisseau qui vous l'apportera (1). »

Ces rapprochemens m'avaient valu une leçon de morale, et, tout entier à mes réflexions, j'avançais machinalement devant moi, lorsque mes yeux se fixèrent sur un superbe navire, où je distinguai en gros caractères le nom de *Lewis*. C'était un bâtiment américain destiné, me dit-

---

(1) Bernardin de St.-Pierre.

on, à transporter sur les bords de l'*Ohio* deux cents individus qui abandonnaient leur pays pour aller chercher le bonheur et la fortune dans les forêts de Kentuky. Je voulus connaître ceux qu'un si chimérique espoir éloignait de leur terre natale; je montai à bord; des familles entières, de plusieurs générations, depuis l'octogénaire jusqu'à l'enfant au berceau, se partageaient l'emplacement du navire; j'adressai quelques questions, et quel fut mon étonnement lorsque je sus, que si peu semblables aux anciens soldats de l'Helvétie, que le chant de leurs airs nationaux faisait déserter des rangs pour aller retrouver leurs glaciers; lorsque je sus, dis-je, que tous ces malheureux, qui encombraient le navire, étaient Suisses en grande partie! Je fis néanmoins des vœux pour leur précaire avenir, et le hasard me les fit apercevoir le lendemain sortant du Havre à toutes voiles, au milieu d'une foule de spectateurs, dont l'œil les suivit au loin avec un douloureux intérêt.

Quelque temps après je gémis sur leur sort, en lisant ce qui suit dans les papiers français (1): « On vient de publier en Allemagne un ouvrage « auquel la manie des émigrations, que l'on pro- « voque continuellement dans ce pays, donne

---

(1) Voyez le journal *l'Aristarque*, lundi 22 août 1825.

« un grand intérêt; c'est le *Voyage d'un Suisse*
« *en Amérique*. Les feuilles allemandes donnent
« de grands éloges à cette relation, dont elles pu-
« blient des extraits fort étendus. Attirées par de
« brillantes promesses, plusieurs familles suisses
« se décident à se rendre dans les possessions
« de lord Selkirck; mais, en arrivant au terme
« d'un long et pénible voyage, elles ne trouvent
« que des savanes, où rien n'est préparé pour
« les recevoir; l'hiver arrive, le produit de leur
« chasse devient leur seule ressource, et ces mal-
« heureux profitent des premiers jours du prin-
« temps pour quitter cette terre inhospitalière. »
Que je plains ces pauvres Suisses ! Adieu, vous
recevrez encore une fois de mes nouvelles avant
mon départ du Havre.

LETTRE IX.

Le parc aux huîtres.— La traite des nègres. — Georges de Scudéri. — Madeleine de Scudéri. — La comtesse de La Fayette. — L'abbé Dicquemare. — L'abbé Pleuvri. — Bernardin de St.-Pierre. — Casimir Delavigne. — Ancelot. — Tableau des âges de l'homme.

L'AIMABLE cicérone dont vous vous rappelez sans doute l'intéressante conversation lors de ma promenade aux phares, est venu me prendre ce matin à mon hôtel : « Puisque vous êtes résolu de nous quitter demain, me dit-il, j'ai laissé de côté les affaires, et me voilà tout à vous pour la matinée, que nous commencerons par une légère réfection où je vous ferai boire le vin de l'étrier. » J'acceptai, et bientôt nous nous trouvâmes sous le frais ombrage d'un jardin élégant, au bord d'une eau limpide, où se distinguait l'huître de Courseule et le verdâtre crustacé. « Cet endroit champêtre, me dit mon convive, est ici, en ce moment, le lieu à la mode ; pas un étranger ne quitte le Havre sans y avoir pris quelques repas, et le talent du préparateur en chef n'est pas la moindre amorce de l'établissement. » Je fus bientôt à même d'apprécier que les éloges que je venais d'entendre n'avaient rien d'exagéré, et je m'en allai pénétré d'une vénération gastronomique pour le Beauvilliers du parc aux huîtres.

Nous fîmes le tour des bassins; chaque objet était pour mon amphitryon le sujet de renseignemens pleins d'intérêt.

« Voici le bâtiment de la douane, me dit-il, où les seuls droits prélevés, en 1826, sur les marchandises étrangères ou provenant de nos colonies se sont élevés à la somme énorme de vingt-cinq millions de francs, sur les articles uniquement livrés à la consommation.

« Les bâtimens que vous voyez ici sont prêts à partir pour la Guadeloupe ou la Martinique, d'où, en échange des grains, des fers, des tissus, des verreries qu'ils y portent, ils reviendront chargés de sucre, de café, de bois de teinture, de tafia et de coton. Quarante ou cinquante jours suffisent pour cette traversée de treize cents lieues. La somme de six cents francs est le prix auquel un passager peut l'entreprendre.

« Cet autre navire part demain pour l'île de Bourbon; en cent dix jours il aura terminé les deux mille quatre cents lieues qui nous en séparent; mille francs sont le prix de chaque passage.

« Ceux-là font, en quarante-cinq jours, pour la somme de huit cents francs par individu, les quatorze cent cinquante lieues de distance du Havre à Cayenne.

Le Sully et *le Henri IV*, que l'on aperçoit dans ce bassin, sont deux des nombreux paquebots partant régulièrement, les 1er et 15 de chaque mois, pour la patrie de Washington, où le voyageur, au bout d'une trentaine de jours, se trouve transporté pour sept cent cinquante francs (1).

« — Mais quel est ce navire, lui dis-je, à la proue duquel j'aperçois un buste sculpté vêtu à la française. — C'est un hommage rendu à l'industrie et au commerce, dans la personne d'un de nos célèbres fabricans; c'est le navire *le Ternaux*, fin voilier, destiné à nous rapporter les cuirs et les crins de Buenos-Ayres; son commandement est confié à un brave et ancien militaire, le capitaine Palfray, officier de la légion-d'honneur.

« Le commerce du Havre, avant la révolution, continua mon intéressant guide, embrassait plusieurs branches principales; la traite des nègres, particulièrement, enrichissait ici chaque année un grand nombre de maisons de commerce. La

(1) Guide du voyageur au Havre, par Morlent. 1827.

révolution fit justice de ce honteux trafic, les lois de la restauration le proscrivirent pour toujours. Mais des colonies en sentaient encore la nécessité; l'énormité du gain qu'elles proposèrent enhardit de nouveaux agens, et l'un d'eux, commandant le navire *le Rôdeur*, de deux cents tonneaux, partit du Havre le 13 janvier 1819, pour aller, au mépris des lois, sacrifier l'humanité au plus sordide intérêt. « Au mois de mars sui-
« vant, il mit à l'ancre devant Bony, dans la ri-
« vière de Kalabar, sur la côte d'Afrique; c'est là
« qu'en violation des lois françaises contre la
« traite, il chargea une cargaison d'esclaves. Le
« 6 avril, il mit à la voile de ce dernier endroit
« pour la Guadeloupe. Peu de temps après son
« départ, quelques esclaves ayant été amenés sur
« le pont du navire pour prendre l'air, réus-
« sirent à se détruire en se précipitant dans la
« mer; le capitaine du *Rôdeur* en fit un ef-
« froyable exemple, il en fit fusiller plusieurs, et
« en fit pendre d'autres; mais cette barbarie fut
« sans succès, et l'on prit le parti de renfermer
« tous les esclaves à fond de cale. Bientôt une
« effroyable ophthalmie se manifesta parmi eux;
« ce fléau ne tarda pas à atteindre l'équipage, dans
« lequel il fit de si grands progrès, qu'il ne resta
« bientôt plus qu'un seul homme qui fût capable
« de diriger le navire. C'est alors que *le Rôdeur*

« rencontra un autre bâtiment considérable, qui
« paraissait flotter au gré des vents et des vagues.

« L'équipage de ce navire, entendant la voix
« des gens du *Rôdeur*, se mit à jeter des cris
« douloureux en implorant des secours. *Le Rô-
« deur* apprit que c'était un navire négrier es-
« pagnol appelé *le Saint-Léon*; que l'ophthalmie
« les avait attaqués, et qu'esclaves et équipage,
« tous étaient devenus aveugles. Ce récit déplo-
« rable fut inutile; *le Rôdeur* ne put secourir ces
« infortunés dans l'état affreux où il était lui-
« même, *le Saint-Léon* passa outre, et depuis on
« n'en a plus entendu parler. Enfin, grace au cou-
« rage et à la persévérance de l'unique matelot
« qui avait conservé la vue à bord du *Rôdeur*, ce
« navire, favorisé d'ailleurs par un concours heu-
« reux de circonstances, arriva à la Guadeloupe
« le 21 juin 1819.

« Avant cette époque, parmi les esclaves, trente-
« neuf étaient complètement aveugles, douze
« avaient perdu un œil, et quatorze étaient plus
« ou moins affectés à cette partie. Parmi l'équi-
« page, qui consistait en vingt-deux hommes,
« douze avaient perdu la vue, du nombre des-
« quels était le chirurgien du navire; cinq, don
« était le capitaine, avaient perdu un œil; quatre
« autres avaient plus ou moins éprouvé les suites
« de l'ophthalmie.

« Le lecteur s'imagine sans doute que lors-
« que ce funeste voyage toucha à sa fin, lors-
« que bientôt allait s'offrir un port à tant d'in-
« fortunes, la première chose que fit l'équi-
« page fut de rendre graces à Dieu d'une déli-
« vrance aussi miraculeuse il se trompe ; la pre-
« mière chose que fit l'équipage du *Rôdeur* fut
« de jeter à la mer tous les malheureux esclaves
« qui étaient incurablement aveugles, pour ne
« pas avoir à les nourrir en pure perte, puis-
« qu'en cet état déplorable il n'était pas possible
« de les vendre. Ils avaient encore un autre motif
« pour commettre cet acte atroce, en alléguant
« une nécessité quelconque où ils avaient pu être
« de se défaire de ces infortunés ; ils étaient sûrs
« que la valeur leur en serait intégralement payée
« par les assureurs (1). »

« Tirons un épais rideau sur des scènes aussi
repoussantes, me dit mon guide, et sachez que le
commerce et l'industrie, qui ont rarement d'aussi
immoraux résultats, ne sont pas les seuls fleurons
de cette cité.

« Les lettres et les arts y ont vu naître, dans les
siècles derniers, des gens d'esprit et de talent
capables à eux seuls de faire la réputation de leur

---

(1) Journal des Voyages, par Verneur, 38ᵉ cahier, décembre,
1821, page 323 et suivantes.

berceau, si de nos jours deux génies ne s'en étaient élancés pour donner à connaître à l'Europe entière le *naufrage de Virginie* et les sublimes *Messéniennes*.

« Le nom du premier littérateur marquant du Havre ne serait peut-être pas parvenu jusqu'à nous, s'il n'avait eu pour faciliter sa route vers la postérité une sœur déjà distinguée dans le monde savant, et de plus une vanité qu'on peut regarder comme un prodige. *Georges de Scudéri*, car c'est lui dont je veux parler, qui, selon Voltaire, était plus connu que ses ouvrages, quoiqu'il fût membre de l'académie française, naquit au Havre en 1601, d'une famille noble, originaire de Provence ; il embrassa l'état militaire, quitta ensuite le culte de Mars pour celui des muses, et mourut en 1667, laissant un poëme d'*Alaric*, des pièces dramatiques, et plusieurs sonnets dont quelques vers, extraits de celui qu'il avait intitulé les *dégoûts du monde*, donneront la mesure de son excessif amour-propre.

L'Europe m'a connu dans toutes ses provinces,
. . . .
Et dans mille combats je sus tout hasarder.
L'on me vit obéir, l'on me vit commander,
Et mon poil tout poudreux a blanchi sous les armes.
. . . .
Il est peu de beaux-arts où je ne sois instruit,

En prose comme en vers, mon nom fit quelque bruit,
Et par plus d'un chemin je parvins à la gloire.

« Sa sœur, *Madeleine de Scudéri*, née au Havre (1), eut, malgré l'affectation de son style, une réputation méritée à plus juste titre; et un discours qu'elle fit *sur la gloire* remporta le prix d'éloquence proposé, pour la première fois, par l'académie française. Rachetant le désagrément d'une laideur amère par un esprit aimable et cultivé, elle eut de nombreux amis à la cour, et tint un des premiers rangs dans le fameux cercle de l'hôtel Rambouillet ; elle y portait jusqu'à l'extrême ces règles de galanterie délicate développées dans ses volumineux romans, dont les héros, pour prix de leurs exploits, ne demandent, au bout de dix volumes, qu'un regard ou un soupir de leurs dames. Après avoir placé dans *Clélie* le cours du fleuve de *Tendre*, sur lequel, dit-on, elle navigua avec Pélisson, après avoir passé par le village de *Petits-Soins* qui, selon Boileau, devait la mener à celui des Petites-Maisons; après avoir, continue le célèbre critiques, étalé toute sa vie sa *boutique de verbiage*, elle mourut à Paris, en 1701, âgée de quatre-vingt-quatorze ans, ayant publié quarante-cinq volumes de romans et d'œuvres diverses.

(1) En 1607.

« Mademoiselle de Scudéri était fort laide; le célèbre peintre Nanteuil lui ayant envoyé un portrait flatté qu'il venait de faire d'elle, elle lui adressa le quatrain suivant :

Nanteuil, en faisant mon image,
A de son art divin signalé le pouvoir.
Je hais mes traits dans mon miroir,
Je les aime dans son ouvrage.

« Une autre femme célèbre dans la république des lettres, *Pioche de Lavergne, comtesse de Lafayette*, naquit au Havre, d'*Aymar de Lavergne*, maréchal-de-camp, gouverneur de cette ville; elle fit paraître le roman de *Zaïde*, qui anéantit la réputation de *Cyrus* et de *Clélie*, en remplaçant des sentimens et un style affectés par la simplicité et la vraisemblance, et elle laissa quelques lettres publiées dans la collection de celles de madame de Sévigné. On y admire avec quel esprit elle raconte des riens. En voici un exemple :

Paris, ce 14 juillet 1673, à madame de Sévigné.

« Voici ce que j'ai fait depuis que je vous ai
« écrit ; j'ai eu deux accès de fièvre ; il y a six
« mois que je n'ai été purgée ; on me purge une
« fois, on me purge deux ; le lendemain de la

« deuxième je me mets à table : ah ! ah ! j'ai mal
« au cœur, je ne veux point de potage. — Man-
« gez donc un peu de viande. — Non, je n'en
« veux point. — Mais, vous mangerez du fruit?
« — Je crois qu'oui. — Eh bien, mangez-en donc.
« — Je ne saurais; je mangerai tantôt; que l'on
« m'ait ce soir un potage et un poulet : je n'en
« veux point, je suis dégoûtée; je m'en vais me
« coucher, j'aime mieux dormir que de manger.
« Je me couche, je me tourne, je me retourne;
« je n'ai point de mal; mais je n'ai point de som-
« meil aussi; j'appelle, je prends un livre, je le
« referme. Le jour vient, je me lève; je vais à la
« fenêtre; quatre heures sonnent, cinq heures,
« six heures; je me recouche, je m'endors jus-
« qu'à sept; je me lève à huit; je me mets à table
« à douze, inutilement comme la veille; je me re-
« mets dans mon lit le soir inutilement comme
« l'autre nuit. — Êtes-vous malade ? — Nenni. —
« Êtes-vous plus faible ? — Nenni ; je suis dans
« cet état trois jours et trois nuits. Je redors pré-
« sentement, mais je ne mange que par machine,
« comme les chevaux, en me frottant la bouche
« avec du vinaigre. »

« La comtesse de Lafayette mourut en 1693.
« Deux abbés sont inscrits dans les annales littéraires du Havre: le premier, nommé Dicque-

mar (1), se fit remarquer par des découvertes curieuses en histoire naturelle, et plus particulièrement sur les mollusques : l'étude constante qu'il en fit, et les détails pleins d'intérêt qu'il en donna, lui valurent le surnom de *confident de la nature.*

Le second est l'abbé Pleuvri, à qui l'on doit une histoire assez médiocre de sa ville natale.

Mais le Havre a vu naître un talent créateur (2),
Celui qui transporta sur ce bord enchanteur
Les fables et les dieux de l'Arcadie antique.
Tout prend sous ses pinceaux un charme poétique.

« Tel fut *Bernardin de Saint-Pierre* (3); officier de génie à vingt ans, il servit alternativement en France, en Prusse et en Russie. Envoyé, sous le règne de Louis XVI, en mission à l'île de Bourbon, il y esquissa les principaux traits du roman de *Paul et Virginie*, et y puisa les premières notions de ses *Études de la nature.* La France le perdit en 1814; l'Europe entière le regretta.

« Deux jeunes rivaux, *Gasimir Delavigne* et *Ancelot*, marchant à grands pas dans la carrière des succès littéraires, viennent prendre place ici,

---

(1) Né en 1733, mort en 1789.
(2) Vers de M. Casimir Delavigne.
(3) Né en 1737.

parmi les enfans dont le Havre s'honore. Le premier, à peine âgé de trente ans, membre de l'académie française depuis peu de mois, a déjà, par son talent, surpassé des vétérans du fauteuil académique.

« Des tragédies, des comédies, des pièces de vers remplies de verve, ont dénoncé un poète qui charme dans l'*École des Vieillards*, électrise dans les *Vêpres siciliennes*, et remplit d'émotion dans ses *Messéniennes* et ses *Élégies*.

« Le second de ces émules, M. Ancelot, né vers 1794, auteur des tragédies de *Louis IX*, du *Maire du palais*, et de *Fiesque*, etc., a publié aussi un poëme, intitulé *Marie de Brabant*, dont les morceaux brillans sont assez nombreux pour pouvoir supporter la juste critique faite des six vers qui suivent, où l'auteur a décrit avec une vérité trop repoussante le supplice de la corde :

Le coupable se lève, et du chanvre honteux
Il sent avec horreur se resserrer les nœuds :
L'échafaud sous ses pieds fuit, le bourreau s'élance,
Il pèse sur le corps qui dans l'air se balance ;
Et l'infame gibet durant quarante jours
Va livrer un cadavre à la faim des vautours.

« L'expressif est ici poussé à l'excès, et rappelle trop le naïf voyageur de Paris à Saint-Cloud par terre et par mer (1), prenant du chanvre pour de la salade. — De la salade, lui dit un habitant de Domfront, *vous vous y connaissiez; queue chienne de salade! morgué, elle a étranglé défunt mon pauvre père.* »

Je ne passe jamais, quelques instans dans une ville sans chercher à connaître, chez le libraire le plus renommé, ce qui a été publié sur le pays. Pensant donc à partir le lendemain, j'avais été faire ma provision littéraire, et j'allais sortir, muni de mon petit ballot, lorsque le libraire me fit prendre en supplément l'Almanach du Havre pour 1827. Je l'ouvris, en rentrant le soir dans mon auberge; les renseignemens qu'il me donnait étaient un peu tardifs, puisque j'allais quitter la ville; mais j'y trouvai, dans les dernières pages, un tableau en trois colonnes, fruit d'une imagination normande, si bizarre que je n'eus pas lieu de regretter l'inutilité de mon acquisition; je veux que vous le connaissiez, le voici :

---

(1) Voyage par terre et par mer de Paris à St.-Cloud, fait par Néel, auteur normand.

TABLEAU COMPARATIF

Des âges de l'homme avec les saisons de l'année et les époques du jour.

AGES.	TEMPS DE L'ANNÉE.	PARTIES DU JOUR.
Fœtus.	Temps de glaces.	Ténèbres.
Enfance.	Dégel.	Point du jour.
Puéritie.	Germination.	Aurore.
Adolescence.	Feuillaison.	Soleil levant.
Jeunesse.	Floraison.	Heure du premier repas.
Age adulte.	Maturité commençante.	Avant midi.
Age héroïque.	Temps des fruits.	Midi.
Maturité.	Moisson.	Méridienne.
Retour.	Dissémination.	Cène.
Vétéran.	Chute des feuilles.	Soleil couchant.
Vieillesse.	Congélation.	Crépuscule.
Décrépitude.	Solstice d'hiver.	Nuit.

Je vous laisse à faire, sur ces singuliers rapports, les réflexions et les changemens que vous jugerez nécessaire; mais, pour moi, fatigué de ma journée, mes yeux se ferment en lisant le dernier mot de la troisième colonne du tableau, et je me hâte de vous faire mes adieux.

LETTRE X.

Le paquebot à vapeur.— Départ du Havre. — Espèce de colonie anglaise à Ingouville. — Les anciens passagers. — Le mal de mer. — Les premiers Normands, ou hommes du Nord. — Le duc Rollon.— Les marsouins.— Débarquement à Honfleur.

Nous étions au temps du revif (1); il était huit heures du matin, la cloche argentine du

---

(1) Les gens de mer appellent ici le temps du revif les trois jours qui précèdent et suivent la pleine et la nouvelle lune, parce qu'en ce moment la mer, toujours plus forte, a l'air de revivre, tandis que dans les autres jours du mois ils nomment les marées la *morte eau*. L'heure de la pleine mer à Honfleur et au Havre, les jours de syzigie, est à 9 heures 48 minutes pour le Havre, et à 10 heures 3 minutes pour Honfleur. Chaque jour suivant elle retarde de trois quarts d'heure. La marée, abstraction faite des vents, qui peuvent influer depuis un quart d'heure jusqu'à une heure et demi sur son cours, reste ordinairement 6 heures à monter et 6 heures à descendre. Jamais, à moins d'être soutenue par les vents, elle ne reste stationnaire plus de quelques minutes. — Le bateau à vapeur du Havre à Honfleur part dès qu'il commence à flotter dans les bassins, ce qui est ordinairement à peu près une heure avant la pleine mer. Lorsqu'une fois il est arrivé à Honfleur, il y reste jusqu'au moment où la mer commence à baisser ; alors il repart pour le Havre.

paquebot à vapeur, *le Triton*, annonçait, par son tintement précipité, que la marée ne souffrait plus de retard; je me rendis à bord en toute hâte, et presqu'à l'instant nous sortîmes des jetées. Nous avions quatre lieues à parcourir pour arriver à Honfleur; le vent était favorable, le capitaine annonça un trajet d'une heure. Quelques élégantes et une vingtaine d'hommes bien mis composaient la totalité des passagers; j'avais près de moi un de ces causeurs de voiture publique, qui, après avoir mis les voisins au courant de leur biographie détaillée, et au besoin de celle de leurs ancêtres, se reportent, faute de mieux, sur les objets qui les environnent. C'était un courtier de commerce, exécutant ce trajet deux fois par semaine, et ne se lassant jamais de faire à ses compagnons de voyage une démonstration méthodique du panorama qu'ils avaient sous les yeux. Ses détails avaient pour moi l'attrait de la nouveauté, je lui prêtai attention. « Tous les voyageurs, nous dit-il en se tournant vers le Havre, qui déjà fuyait loin de nous, admirent avec raison ce coteau d'Ingouville couvert de châteaux étagés, et embelli de parcs et de jardins. Celui-ci, sur la droite, qui passe pour le plus remarquable, appartient à M. Bégouen, ancien conseiller d'état; les autres sont presque tous la propriété de riches négocians, ou d'opulens Anglais qui, fuyant le spleen et les brouillards de leur île, sont en si grand nombre sur cette côte, qu'ils en ont fait une véritable colonie où sont venus se fixer, des bords de la Tamise, des marchands de toute espèce. »

Pendant qu'il parlait ainsi, nous dépassâmes rapidement un fort bateau rempli de bétail, de marchandises, et de gens de la campagne. « Bonjour capitaine, cria notre causeur d'un ton goguenard à celui qui tenait le gouvernail; si vous avez des nouvelles pour Honfleur, nous aurons le temps de les faire connaître avant votre arrivée. » Le vent emporta la réponse, que nous ne devons sans doute pas regretter, et notre homme se tournant vers nous, « Le bâtiment que vous venez de voir, nous dit-il, est un des anciens *passagers* établis depuis le milieu du seizième siècle: il est la propriété des hospices du Havre (1) et de Honfleur, et fait depuis cette époque, à chaque marée, le trajet entre ces deux villes. Vous venez de voir, ajouta-t-il, comme on y était incommodément placé sur des sièges de bois, en plein air, au milieu des marchandises mortes ou vivantes, obligé de disputer sa place aux ani-

(1) L'hôpital du Havre jouit d'un revenu de 170,915 fr. (Voy. l'ouvrage intitulé : Rouen, Dieppe, le Havre en 1827.

maux les plus immondes. Eh! bien, c'est ainsi que depuis près de trois siècles on fait cette traversée, en recevant à chaque gros temps des douches océaniques dont il est impossible de se garantir, à moins de descendre à fond de cale, au milieu des bœufs et des chevaux qu'on y entasse. Ajoutez à tant d'inconvéniens que, dans les calmes plats, le trajet est souvent de cinq et de six heures, et vous jugerez de la nécessité où l'on était d'améliorer cette communication. Enfin, en l'an 1820, malgré tous les obstacles que la routine et la jalousie amoncèlent autour des inventions nouvelles, une compagnie s'est établie au Havre, pour communiquer avec Honfleur et Rouen par des bateaux à vapeur aussi élégans que commodes, et depuis ce moment la promptitude et l'agrément du voyage sont venus éveiller chez quantité d'individus le désir de passer sur la rive opposée, où l'on ne se rendait autrefois que dans des cas urgens. Le prix du passage sur les anciennes barques est de 10 sous par personne, celui des paquebots à vapeur est de 1 ou 2 francs, selon qu'on prend place au salon ou dans la chambre commune; ces deux administrations ont fini par reconnaître qu'elles pouvaient facilement exploiter les mêmes eaux sans se nuire.

« Les gens de la campagne ont continué de

prendre leur pesante embarcation; les amateurs de la nouveauté, les oisifs, les étrangers et ceux qui redoutent le mal de mer, beaucoup moins sensible ici que sur les anciens bateaux, prennent chaque jour ce que le peuple nomme par abréviation la *vapeur*; tout le monde y gagne, et les deux villes n'ont qu'à se louer d'une concurrence établie dans leur véritable intérêt. »

Cependant le ciel se rembrunissait, le vent commençait à fraîchir, et notre habitué nous présagea un grain avant la fin du voyage : déjà la mer devenait houleuse; le tangage, jusqu'alors insensible, commençait à éprouver le cœur des passagers novices. Je craignais la force de l'exemple, et résolu de lutter contre le malaise jusqu'au dernier instant, je pris un livre pour fixer à la fois mon esprit et mes yeux : ce que je lus était de circonstance; je veux vous en citer quelques passages.

« L'embouchure de la Seine fut, au commen-
« cement du neuvième siècle, la route par la-
« quelle pénétrèrent en France les pirates de la
« Norvège et des bords de la Baltique, connus sous
« le nom d'hommes du Nord ou Normands, trop
« populeux pour un pays qui ne leur offrait que
« des terres ingrates. Privés des arts et des ma-
« nufactures, ils se lancent sur des barques
« grossières à deux voiles et à rames, se livrent

« au hasard des flots sous un chef qu'ils nom-
« ment le *roi de la mer*, suivent les sinuosités
« de la côte, descendent où ils ne trouvent pas
« de résistance, se gorgent de butin, et vont le
« partager, selon les lois du brigandage, sur d'au-
« tres plages qu'ils dévastent ensuite. Leur roi
« ne l'était que sur l'Océan et dans les champs
« du carnage; car à l'heure du festin la troupe,
« assise en cercle, recevait au hasard, de main
« en main, la corne remplie de bière, sans qu'il
« y eût ni premier ni dernier. Mais si l'on mar-
« chait au combat, il y était suivi avec fidélité
« et obéi avec zèle, parce qu'il était nommé
« le plus brave d'entre les braves, qu'il n'avait
« jamais dormi que sous la voûte étoilée ni vidé
« la coupe près d'un foyer abrité, qu'il gouver-
« nait un vaisseau comme un cavalier son che-
« val, que son adresse le faisait courir sans
« broncher sur les rames en mouvement pen-
« dant la manœuvre, ou lancer au haut des mâts
« trois javelots qu'il recevait alternativement
« dans sa main pour les lancer et les recevoir
« encore. Pirates sans soucis, se riant des vents
« et des flots, ils chantaient au milieu des tempê-
« tes, et remerciaient l'ouragan de les avoir jetés
« où ils voulaient aller.

« Repoussés, sous le règne du vaillant Char-
« lemagne, ils reviennent à la charge sous celui

« de Louis-le-Débonnaire. Ce monarque pusil-
« lanime, tremblant devant ces hordes de bar-
« bares, double leur audace. Ogeric leur chef
« remonte la Seine, va brûler l'abbaye de Ju-
« mièges, met au pillage la ville de Rouen et
« les côtes de l'antique Neustrie, et ne se retire
« que lorsque ses barques plient sous le poids
« du butin. D'autres bandes leur succèdent;
« Rouen pour la deuxième fois tombe sous leurs
« coups (1). Ils s'aperçoivent que les chefs pré-
« posés à la garde du pays n'ont pas le courage
« de les attaquer, ils se répandent sur les bords
« de la Seine, pillent les villes, brûlent les mo-
« nastères, égorgent les moines, enlèvent les
« hommes et les femmes, et laissent ainsi des
« marques de leur barbarie et de leur débauche,
« dit un auteur du temps, *dans toutes ces belles*
« *contrées que la Seine arrose comme un pa-*
« *radis terrestre;* ils s'élancent de là sur Paris,
« s'en emparent, s'y gorgent encore de meurtres
« et de rapines, et n'en sortent que lorsque le
« souverain, au lieu de les combattre, se résigne
« honteusement à lever sur les habitans des
« rives du fleuve un tribut d'un demi-million de
« notre monnaie pour acheter leur départ. En
« vain des traités successifs se font avec ces

(1) 845.

« hommes sans loyauté, rien ne les arrête; et la
« France pendant quatre-vingts ans se voit à la
« merci de ces bandes féroces.

« Enfin un de leurs chefs nommé Rou ou Rol-
« lon, veut faire un établissement plus fixe; il
« demande impérieusement à Charles-le-Simple
« de lui céder à tout jamais la Normandie, sous
« la condition de ne plus ravager d'autre pro-
« vince et de se faire chrétien ; on ne pouvait la lui
« refuser, puisque déjà il en était maître, le traité
« se conclut, il épouse la fille du roi, et devient
« le premier duc de la Normandie (1).

« *Les véritables conquérans*, dit Voltaire, *sont*
« *ceux qui savent faire des lois; leur puissance*
« *est stable. Les autres sont des torrens qui*
« *passent.* Rollon paisible fut le seul législateur
« de son temps (2).

J'avais à peine terminé la lecture dont je viens
de vous donner un aperçu, que je vis autour du
bâtiment les eaux sillonnées par des masses noi-
râtres qui bondissaient dans tous les sens; c'é-
taient des marsouins, très-répandus dans ces pa-

---

(1) 876.

(2) Voy. Encyclopédie, art. *Normands*. — Histoire de la Conquête de l'Angleterre par les Normands. THIERRY. — Mémoires
de l'Académie française, tome XV.— Histoire des Français, par
SISMONDE DE SISMONDI.— Histoire des expéditions maritimes des
Normands, DEPPING, etc.

rages, et dont la plupart étaient de la grosseur d'un cheval: rarement ils sortent de l'eau sans présager la tempête, et en effet des torrens de pluie nous obligèrent presque aussitôt à descendre dans le salon pour y chercher un abri.

Mais déjà nous touchions aux jetées de la ville d'*Honfleur*, où nous entrâmes après une heure douze minutes de traversée, dont j'avais à peine senti les inconvéniens

Les quais, malgré la pluie, étaient couverts de curieux et de voituriers qui n'attendaient que notre arrivée pour se diriger sur les villes de Caën, de Lizieux et de Pontaudemer.

Pour moi, j'allai prendre gîte au *Cheval blanc*, où je devais trouver une lettre qui m'indiquerait la marche que j'allais suivre et le temps dont je pouvais disposer. Adieu mon ami, comptez toujours sur mon exactitude.

LETTRE XI.

Honfleur et son commerce.— Édouard III. — Hugues Spencer. — Henri VI.— Brézé.— Le capitaine Chaudet.— Montpensier. — Le navigateur Gonneville. — Louis XVI. — Bonaparte. — Madame, duchesse de Berri. — Les contre-amiraux baron Hamelin et baron Motard.

L'entrée du port de *Honfleur*, n'est pas son côté brillant; la ville paraît triste et mal bâtie, et ce n'est qu'en la parcourant avec détail que l'on trouve, pour racheter des rues étroites, sales et mal aérées, quelques habitations situées d'une manière agréable, et une arrivée par la route de Caën, dont beaucoup de villes importantes se vanteraient à juste titre. Le port manque de cette activité, de cette vie que le commerce seul peut donner. Chaque année voyait, avant la révolution, sortir de ses bassins vingt-cinq navires pour la traite des noirs, soixante pour Terre-Neuve, trente pour les colonies, et quatre cents pour les sels : mais ce négoce a reçu le coup fatal par l'abolition de la traite et la centralisation du Havre. Le charbon de terre venant de Dunkerque ou d'Angleterre, et les bois du nord, sont les seules branches qui soutiennent le port; seize mille ames de population se trouvent réduites à dix, et chaque jour voit diminuer le nombre de ces malheureux, entassés dans des chambres malsaines où souvent de simples toiles séparent les sexes, et même les familles.

La pêche du hareng eût seule suffi pour rendre cette ville sinon florissante, du moins aisée; mais depuis l'année 1814 ce poisson a disparu de ces côtes. On en donne pour cause la grande quantité de navires qui, sortant des ports d'Angleterre, de Dunkerque et de Dieppe, lui barrent le passage. Quel qu'en soit le motif, les marins d'Honfleur n'ont presque en ce moment d'autre ressource que d'aller jusqu'à dix lieues en mer tendre des filets nommés *chaluts*, dans lesquels ils prennent, en petite quantité, des *turbots*, des *barbues*, des *raies*, des *soles*, des *limandes*, des *carrelets*, des *lunes* ou *dorées*, quelques *harengs*, des *maquereaux*, des *merlans*, des *vives*, des *grondins* ou *rouges*, des *roussettes*, des *chiens de mer*; et tandis qu'une trentaine de bateaux pêcheurs au plus sortent du port, pour aller ainsi chercher au loin leur proie, d'autres petites embarcations, connues sous le nom de *besquines* ou *picoteux*, ramassent dans leurs filets, le long de la côte, des *anguilles*, des *éperlans*, des *lamproies*, des *anchoix*, des *crevettes*, des *tourteaux*, des *étrilles*, des *huîtres* pied de cheval, des *moules*, et une espèce de coquille bivalve de la classe des peignes, connue ici sous le nom de *coquefisch* ou *cottefiche*.

Pendant que les marins se risquent ainsi par tous les temps, pour des résultats d'une mince valeur, leurs femmes fabriquent de la dentelle, connue dans le commerce sous le nom de point d'Argentan. Ces dentelles étaient assez recherchées il y a quelques années; mais les tulles de coton, par leur durée et leur solidité, les ont fait abandonner en grande partie, et depuis ce moment les journées d'ouvrières, jusqu'alors de deux francs, sont tombées à douze sols.

Le port de cette ville marche de jour en jour à une décadence complète; l'amoncèlement des vases l'encombre de plus en plus chaque année : le gouvernement persiste, à cet égard, dans une indifférence bien cruelle pour les malheureux habitans; et si le projet de canalisation dont j'aurai occasion de vous parler plus tard n'est pas adopté pour cette rive, le sort d'Harfleur, dont je vous ai entretenu précédemment, attend la cité d'Honfleur. Déjà sa situation serait des plus critiques si, depuis quelques années, la Seine, en prenant son cours au pied des jetées, n'eût amené en relâche un assez grand nombre de navires.

L'origine et la fondation d'Honfleur ne présentent aucune certitude, et l'on sait seulement que, vers la fin du dixième siècle, Guillaume-le-Conquérant y passa quelques jours, peu de temps avant sa mort. Aucun fait remarquable n'y eut lieu depuis lors, jusqu'au milieu du quatorzième siècle ; c'est un temps de monotonie pour l'historien et de satisfaction pour le philanthrope, qui pense qu'une colonie de pêcheurs jouissait en paix de ses pénibles travaux sur ce petit coin de terre sans prendre part aux querelles des rois, dont à peine elle savait le nom.

Édouard III, roi d'Angleterre, le vainqueur de Crécy, fit, en lançant ses armées sur le sol de la France, connaître le fléau de la guerre à la ville d'Honfleur, qu'il mit au pillage après s'en être emparé (1). Les indignes traitemens qu'il fit subir aux habitans leur laissèrent toujours le désir et l'espoir de s'en venger ; enfin l'occasion s'en présenta. Charles VI était sur le trône ; les Anglais, profitant des troubles de la France, dit un auteur contemporain (2), « pillaient et vo« laient, et faisaient plusieurs grands excès et dom-

---

(1) 1546.
(2) Juvenal des Ursins, Règne de Charles VI, 1382.

« mages aux Français, pour laquelle cause ceux
« de Normandie, se voyant ainsi foulés, firent
« finance de navire, et se mirent par la mer, et
« rencontrèrent les Anglais, et y fut fort com-
« battu d'un côté et d'un autre, et finalement,
« les Normands eurent victoire, et furent les An-
« glais déconfits. »

Ces insulaires s'étaient réunis aux Allemands et aux Flamands, avec lesquels nous étions alors en guerre ; leur flotte s'était présentée devant Honfleur : les habitans, réunis aux Dieppois, les abordèrent avec courage, quoique fort inférieurs en nombre ; beaucoup de vaisseaux ennemis furent coulés à fond, et leur amiral, *Hugues Spencer* fut fait prisonnier. Des chansons populaires célébrèrent ce fait d'armes ; l'une d'elles m'a passé sous les yeux ; quelques couplets vous donneront une idée des rimeurs du temps (1).

Les mariniers de Dieppe, ils ont bien triomphé
Pour le bon roi de France étant dessus la mer
Ils étaient équipés trestous en faict de guerre
Contre les Allemantz Flamangs nos adversaires.

Neuf navires de Flandres sont venus rencontrer
Cinq navires de France, de Honfleur port de mer,

(1) Chansons normandes anciennes tirées d'un recueil imprimé en 1548 à la fin de l'ouvrage intitulé *Vaudevires d'Olivier Basselin*, par Louis Dubois.

Lesquels ils ont choqués à coup d'artillerie,
Les Dieppois sont venus qui faisoyent rusterye.

Qui fit la chansonnette ? un noble aventurier,
Lequel est de Grenoble, du lieu de Dauphiné,
Lequel l'a composé pour l'honneur des vaillances
Que les Dieppois ont faict pour le bon roi de France.

Honfleur, sous le règne de Charles VII, tomba au pouvoir du roi d'Angleterre Henri VI, dont le nom est flétri à tout jamais par le supplice de Jeanne-d'Arc. Il laissa garnison dans cette ville pendant dix années, et les habitans ne s'en virent délivrés que par la valeur du célèbre comte de Dunois, qui fit de suite connaître sa victoire au roi Charles VII, à l'abbaye de Grestain où il se trouvait alors (1). Le monarque, à cette nouvelle, partit pour de nouveaux triomphes, et alla les compléter à Fourmigny. Mais non content d'avoir délivré la France, il voulut à son tour reprendre l'offensive et faire sentir à ces audacieux insulaires tous les malheurs d'une invasion. Brézé, grand-sénéchal de Normandie, reçoit l'ordre de commander l'expédition : une flotte de quatre mille hommes est équipée à Honfleur (2), elle se dirige sur les côtes d'An-

(1) Le 17 janvier 1457. Voyez Lettre 26.
(2) 1457.

gleterre, prend d'assaut la ville de Sandwich, dans le comté de Kent, la met au pillage ; trois cents Anglais et trente Français y perdent la vie. Mais des troupes fraîches, en grand nombre, s'approchant pour secourir la ville, les Normands jugèrent à propos de se rembarquer, et « ils s'en partirent, disent les chroniques, avec « plusieurs navires, grands et petits, gagnés au « havre de la dite ville, et grand foison de pri- « sonniers. »

A partir de ce moment, Honfleur jouit d'un siècle de tranquillité ; son commerce prospérait, sa population augmentait chaque jour. Les dissensions religieuses mirent fin à cet état florissant. Deux partis se prononcèrent dans la ville : les prostestans, commandés par un capitaine *Chaudet*, vinrent à bout de l'emporter, et depuis lors cette malheureuse cité se vit alternativement la victime de tous les partis, jusqu'au moment où Henri IV en personne, accompagné de M. de Montpensier, y entra par capitulation, le 2 février 1590, à la suite d'un siège très meurtrier, qu'avaient soutenu les troupes du duc de Mayenne, commandées par un capitaine de Goyon.

Henri IV ne séjourna pas dans Honfleur ; Montpensier y laissa, pour gouverner la place, un capitaine nommé *Dessales*, dont les habitans eurent fort à se plaindre, les ligueurs eurent des intelligences avec les mécontens, et le même capitaine de Goyon se rendit de nouveau maître de la ville. Il la mit dans un tel état de défense, que les troupes du roi furent obligées de la bloquer par terre et par mer. Montpensier, ayant toute la noblesse du pays sous ses ordres, commanda les troupes de terre, l'amiral de Villars la marine; on amena des canons de Bernay, de Lizieux, du Havre, de Rouen, de Dieppe, plus de quarante pièces d'artillerie furent divisées en quatre batteries, portant les noms des quatre principaux officiers, *Montpensier*, *Villars*, *Fervaques* et *Turenne*.

Le capitaine de Goyon résista long-temps; mais enfin, obligé de céder à tant de forces réunies, il capitula le 5 juin 1594, et la malheureuse ville d'Honfleur, après avoir été abîmée de deux mille sept cent douze coups de canon, rentra sous l'obéissance du roi(1). Les fortifications étaient grandement endommagées. C'est depuis cette époque sans doute qu'on cessa de les relever; quelques débris qui en subsistent

(1) Il existe dans la ville d'Honfleur un vieux manuscrit qu'on m'a mis à même de connaître. Il est intitulé: *Abrégé des afflictions qui sont arrivées en la ville et faubourgs d'Honfleur en l'année* 1562, *sous le règne de Charles IX, roi de France, et de tout ce qui s'est passé jusqu'en* 1598 *que la paix générale eut lieu par toute la France.*

encore peuvent donner à juger de l'importance de cette place.

Pendant que ce siècle coûtait à Honfleur tant de maux et tant de sang, pendant que les habitans se déchiraient entre eux au milieu de leurs foyers, un gentilhomme de Lizieux, parti de Honfleur pour le compte de plusieurs négocians de la ville, ouvrait la route des mers du sud, et se plaçait par ses découvertes à côté de Christophe Colomb. *Binot Paulmier*, sieur de *Gonneville* (c'est ainsi qu'il se nommait), s'embarqua en juin 1503 pour les Indes orientales, fut le premier Français qui doubla le cap de Bonne-Espérance, et le premier qui, poussé hors de sa route par des tempêtes, aborda à une terre méridionale qu'on a reconnue depuis pour être la Nouvelle-Hollande; il y fut bien reçu par les habitans, et demeura six mois au milieu d'eux. Au bout de ce temps, il voulut continuer sa route vers l'Inde; mais son équipage se révolta, et prétendit revenir en France. Forcé d'obéir à la nécessité, Gonneville demanda au roi de cette terre australe, nommée *Arosea*, de lui confier son fils *Essomeri*, lui promettant de le lui ramener dans vingt lunes : le monarque y consentit. Gonneville partit pour sa patrie, fut pris près des côtes de Bretagne par un corsaire anglais, qui dépouilla les gens de l'équipage de tout ce qu'ils avaient, et ne les rendit à leur sol natal qu'au bout de deux mois.

Gonneville, de retour à Honfleur, y fit, le 14 juillet 1505, au greffe de l'amirauté, une déclaration signée des principaux de l'équipage, contenant le récit détaillé des événemens de leur navigation. Voyant ensuite que le refus de ses associés pour entreprendre un second voyage lui ôtait les moyens de remplir la promesse qu'il avait faite au roi de la terre australe, il institua Essomeri son héritier universel, en lui imposant par son testament l'obligation de porter, lui et ses descendans mâles, son nom et ses armes. Essomeri vécut jusqu'en 1583, et eut un arrière-petit-fils qui mourut chanoine de Lizieux (1).

Ce voyage n'a pas été assez connu : les Hollandais se sont attribué les honneurs d'une découverte que la France réclame à juste titre, découverte dont les habitans d'Honfleur doivent se glorifier, et qui aurait mis son auteur sur le rang de Vasco de Gama s'il s'était trouvé un Camoens.

(1) Ce chanoine a publié sur les découvertes de son ancêtre un ouvrage que je n'ai pu me procurer, mais qui est intitulé : *Mémoire touchant l'établissement d'une mission chrétienne dans le troisième monde, autrement appelé la terre australe méridionale antarctique et inconnue : dédié à notre saint père le pape Alexandre VII par un ecclésiastique originaire de cette même terre australe.* Imp. Paris chez Cramoisy, 1663, in-8° : avec une carte.

Parmi les souvenirs récens bien chers à la ville d'Honfleur, celui des instans qu'elle posséda le roi Louis XVI revenant de visiter le port de Cherbourg, se place au premier rang (1). Le monarque devait s'embarquer pour le Havre; la reine, qui se trouvait avec lui, craignant le danger d'une traversée qu'elle croyait périlleuse, supplia son royal époux de faire le voyage par terre; il persista dans sa résolution, monta la corvette *l'Anonyme*, commandée en premier par M. de la Touche, capitaine de la marine royale, et en second par M. Castandet, de la marine marchande : l'équipage était composé de cinquante officiers du commerce qui s'étaient, par zèle, offerts pour faire le service de matelots; mais toute leur ardeur ne put lutter contre un vent contraire, et la traversée dura trois heures un quart.

Bonaparte, dans son excursion au Havre, le quitta quelques heures pour juger par lui-même des améliorations dans tous les genres dont la ville d'Honfleur était susceptible. Accompagné de nombreux généraux et de ministres, il arriva (17 brumaire an XI, 8 novembre 1802) sur le lougre de l'état *l'Écureuil*, commandé par M. de Moncabrié, visita le port, fit le tour de la ville,

---

(1) 21 juin 1785.

accepta un déjeuner que lui offrit le corps municipal chez M. Foubert, et se rembarqua peu après.

Deux princes de la maison de Bourbon ont honoré, depuis la restauration, Honfleur de leur présence; l'un est monseigneur le dauphin, alors duc d'Angoulême, le 23 octobre 1817; l'autre est son altesse royale MADAME, duchesse de Berri, dont je vous détaillerai la visite dans ma lettre prochaine.

Je ne dois pas quitter la ville d'Honfleur sans dire qu'elle est, de nos jours, le berceau de deux hommes cités avec honneur dans les fastes de notre marine.

Le premier est le baron Hamelin, contre-amiral, chevalier de Saint-Louis, grand-officier de la légion-d'honneur, connu par de beaux faits d'armes, commandant de nos forces navales à la dernière campagne, en 1824.

Le second est le contre-amiral baron Motard, chevalier de Saint-Louis, commandant de la légion-d'honneur, dont le père, chevalier de Saint-Louis, était officier supérieur de la marine royale.

Né à Honfleur en 1771, volontaire de la marine en 1786, officier en 1793, le baron Motard parvint bientôt, sous les ordres de l'amiral Brueys, au grade de capitaine de frégate; nommé, en 1798, chef d'état-major en second de l'armée navale destinée pour l'Égypte, aux ordres de ce même amiral, il commanda avec succès les troupes de débarquement à Malte et en Égypte, fut grièvement blessé au combat d'Aboukir, fait prisonnier par les Anglais, et échangé peu après. Nommé alors adjudant en chef de l'escadre aux ordres de l'amiral Gantheaume, il fit avec lui la campagne de la Méditerranée, celle de Saint-Domingue, et trouva à son retour sa nomination au grade de capitaine de vaisseau.

On lui confia alors le commandement de la frégate *la Sémillante*, faisant partie de la division aux ordres du contre-amiral Linois, qui mit à la voile de Brest pour les mers de l'Inde, en mars 1803. Quelques mois après, la guerre s'étant déclarée, la division fit plusieurs campagnes, pendant lesquelles elle fit éprouver d'immenses dommages au commerce des Anglais. *La Sémillante* se distingua dans ces excursions, fut détachée, en 1805, dans l'océan indien, et resta encore quatre années dans ces parages. M. Motard, son capitaine, y parcourut avec elle un espace de trente-deux mille lieues, y soutint avec succès cinq combats, et fit de nombreux prisonniers, dont les officiers, touchés des égards qu'il avait eus pour eux, lui témoignèrent plus tard leur reconnaissance par des remerciemens pleins de noblesse, insérés alors dans les journaux du Bengale. Le capitaine Motard rentra en France après avoir fait éprouver au commerce de la Grande-Bretagne, tant par la destruction de ses magasins dans l'Inde, que par diverses captures, une perte d'environ 28 millions de francs. (Voyez *Moniteur* du 26 février 1809.)

Le capitaine Motard avait bien mérité du gouvernement français; il fut nommé baron avec dotation, commandant de la légion d'honneur; puis, au bout de peu de temps de repos, colonel-major des marins de la garde impériale. Mais ses fatigues et ses blessures avaient porté une vive atteinte à sa santé; il fut obligé de rentrer en France avant la fin de la campagne de 1812, et bientôt il obtint avec sa retraite le grade de contre-amiral. Le roi le nomma chevalier de Saint-Louis. Honfleur le compte avec orgueil au nombre de ses enfans.

Adieu, je vais demain au pèlerinage, célèbre en Normandie, de Notre-Dame-de-Grace : sous peu de jours je vous le ferai connaître.

LETTRE XII.

Notre-Dame-de-Grace. — Le point de vue. — Les pèlerins. — Les ex-voto. — Le peintre courtisan. — Le banc du Radier. — Projet de canal. — Le Mont Joli. — Monplaisir. — Sainte Catherine. — Melons d'Honfleur. — S. A. R. Madame, duchesse de Berri.

La chapelle de Notre-Dame-de-Grace, située sur la colline qui domine presque à pic la ville d'Honfleur, en est éloignée d'environ un quart de lieue, que l'on parcourt sur un chemin en corniche que des travaux récens ont rendu praticable aux voitures; sur la gauche de la route en montant, et dans toute son étendue, règne un bois étagé, tandis que sur la droite, à mi-côte, se distingue déjà, au travers du feuillage, la mer chargée de vaisseaux. Bientôt on découvre les phares de la Hève et la ville du Havre; encore quelques pas, et l'on n'aperçoit plus à l'horizon que l'infini des cieux et des eaux.

Nous voici sur le sommet de la montagne, au pied d'un christ gigantesque; des fidèles en prières indiquent l'approche du sanctuaire, où se renouvelle l'espérance et s'adoucit la douleur. Au bas de la croix, du côté de la mer, se termine presque subitement le plateau de la colline. D'énormes éboulemens semblent s'en détacher encore et rouler jusqu'au rivage, où le pêcheur, occupé de ses filets, apparaît comme un point sur la grève.

Quel majestueux aspect! il rivalise avec celui des phares de la Hève; que dis-je? il l'emporte par le contraste qu'offre ici sans obstacle à la vue l'opposition continuelle des deux rives, où le spectateur ravi peut contempler à la fois les vertes prairies et les bois touffus qui s'avancent sur la gauche de la Seine jusqu'au milieu de ses eaux, tandis que le pays de Caux ne présente qu'une série de falaises blanchâtres qui, s'élevant à pic au-dessus du fleuve, ne montrent que des rocs décharnés.

Voici la chapelle de Notre-Dame-de-Grace qu'ombragent d'antiques ormeaux. L'airain sacré se fait entendre, les chants religieux frappent mon oreille, j'entre avec les fidèles qui se pressent pour assister au service divin, et je me trouve au milieu des matelots de tout un équipage qui viennent déposer avec pompe au pied des autels le vœu qu'ils avaient formé au milieu des tempêtes.

Leur recueillement m'électrisa, je le partageai

de bon cœur et me livrai, après leur départ, à l'examen détaillé de la chapelle, dont les murs sont couverts d'ex-voto de toute espèce. Ici un petit navire bénit, fidèle image de celui qui allait au loin sillonner les mers, est appendu à la voûte, et consacré à Marie, dont, avant le départ, on a imploré le soutien.

Là, sont des bras et des mains d'enfans, dont l'imitation en cire indique la partie de ces faibles êtres que leur mère a vue renaître à la santé par l'intercession de la Vierge.

Plus loin, se remarquent les premières fleurs du printemps, la grappe hâtive de la treille, et les prémices de la moisson, pieux hommage du vigneron et du laboureur.

Un tableau s'offre à mes regards ; c'est une mer en courroux, un navire abîmé dans les flots, des matelots à genoux invoquant Notre-Dame, et dans un coin du ciel devenu serein, la mère du Dieu tout-puissant apportant la consolation aux affligés.

« Déjà l'océan se creusait pour engloutir les
« matelots, déjà les vagues, élevant leur triste voix
« entre les rochers, semblaient commencer leurs
« chants funèbres ; tout à coup un trait de lu-
« mière perce la tempête ; Marie, patronne des
« mariniers, apparaît au milieu de la nue : elle
« tient son enfant dans ses bras, et calme les flots

« par un sourire. Charmante religion, qui op-
« pose aux tempêtes de l'océan un petit enfant
« et une tendre mère! (1) »

Le talent et le goût des peintres, je vous l'avoue, ne marche pas toujours de pair avec le zèle des fidèles, et l'on voit avec peine plusieurs de leurs productions défigurées par des traits bizarres et ridicules. Une élégante vêtue d'une robe de soie, la poitrine entièrement découverte et la chevelure frisée à la Ninon, ayant à ses pieds saint Antoine en prières, ne retrace que difficilement, vous en conviendrez, la mère du Dieu qui naquit dans une crèche, invoquée par le moine de la Thébaïde. Ce tableau me rappelle que dans l'église d'un village (2) de ces contrées un peintre a poussé si *haut* la manie des grandeurs, qu'il a représenté le Tout-Puissant ayant au-dessous de lui, prosternés à ses pieds, deux archanges, et, en courtisan consommé, il a cru convenable de les décorer du cordon bleu et du cordon rouge.

La chapelle de Notre-Dame-de-Grace, qui est tenue avec élégance et richesse, appartenait, dans le dix-septième siècle, à Marie de Bourbon, duchesse de Montpensier, femme de Gaston d'Orléans, fils

---

(1) Chateaubriand.
(2) Dans l'église d'Amfreville-sur-Iton, départ. de l'Eure.

d'Henri IV. Elle y fit venir d'Honfleur des capucins pour la desservir, et leur permit d'établir dans les bâtimens qui en dépendaient un hospice, où résidaient deux religieux sous la surveillance du père gardien de la ville. La révolution a anéanti les ordres monastiques; mais un vénérable chef de la prière, attaché à la chapelle, y intercède pour ceux qui se rendent dans cette religieuse enceinte.

La fête particulière de Notre-Dame-de-Grace est le lundi de la Pentecôte. Ce jour-là, toute la ville d'Honfleur et les environs se réunissent dans les allées qui entourent l'église. L'habitant des campagnes, réuni sous des tentes artistement formées avec des mâts et des voiles, se délasse de ses travaux en buvant à longs traits le jus de la pomme; le citadin, dans une avenue que l'usage lui réserve, vient étaler les modes de la belle saison nouvellement arrivées de Paris: et tandis que les uns laissent leur raison au fond des pots et que les autres promènent leur ennui avec la critique qui l'accompagne, des familles entières de pèlerins, après avoir achevé le tour de la chapelle, se font dire un évangile pour la réussite des vœux qu'ils ont formés, puis s'en retournent en chantant gaiement des cantiques. Ces braves gens placent à leurs chapeaux, pour indice du pèlerinage accompli, des bouquets de grosses perles et de fleurs artificielles.

J'allai, au sortir du sanctuaire, jeter un dernier coup-d'œil sur le magnifique paysage que j'étais obligé de quitter; le hasard me fit rencontrer parmi les promeneurs un habitant d'Honfleur avec lequel j'avais fait ma traversée en venant du Havre : il me reconnut, s'approcha de moi, et satisfaisant avec complaisance à mes questions multipliées, «Ces terrains qui semblent crouler sous vos pieds, me dit-il, n'offrent pas aux curieux pour seul intérêt un abrégé du chaos; mais le sein de cette montagne renferme encore de rares débris fossiles qu'a fait connaître un savant de nos jours (1) étonné lui-même de retrouver sur les bords de la Seine le squelette du crocodile égyptien.

« Ce chemin qui suit le bas de la montagne, ajouta-t-il, conduit à Vasouï, à Pennedepie et au joli châtel de *Blosseville*, où comme au Bengale les haies ne sont que des guirlandes de roses. Ce banc de sable dans le lointain se nomme le *Radier* : l'immensité de moules que le flot apporte chaque jour y attire de nombreux pêcheurs, qui armés d'énormes rateaux vont les recueillir à mer basse, pour leur nourriture et celle de leurs familles. Ce sont eux qu'on y aperçoit en ce mo-

(1) M. Cuvier.

ment. Tournez à présent vos regards de ce côté ; l'espèce de balise que vous croyez distinguer dans la mer, à peu de distance de l'entrée du port, n'est autre chose que la sommité du mât d'un vaisseau englouti l'hiver dernier dans les sables : ces événemens malheureux, qui se renouvellent trop souvent et compromettent chaque fois la fortune et la vie de plusieurs individus, sont fréquemment causés par l'avarice des capitaines, qui, au mépris des lois, se refusent à prendre des pilotes : économie chèrement achetée, puisqu'elle est parfois cause de leur perte !

« Depuis Quillebœuf, des bancs de sable immenses coupent le canal de la Seine en toutes sortes de sens, et forment une quantité de courans si peu profonds, qu'il est fort rare que des navires tirant plus de neuf pieds d'eau puissent y entrer, ce qui réduit le commerce de Rouen à n'employer que des bâtimens de 280 à 300 tonneaux. Des pilotes intrépides tâchent tous les jours de deviner lequel de ces canaux forme la passe la plus sûre ; dès que le flot est arrivé, ils dirigent leur course d'après les remarques qu'ils ont faites : heureux si leurs spéculations ne sont pas trompées ! La suite ordinaire de la moindre erreur est la perte du bâtiment et de ceux qui s'y trouvent.

« Lorsque la marée monte, aux époques des

pleines et nouvelles lunes, et qu'elle est favorisée des vents, le lit du fleuve quelquefois se remplit par une masse d'eau d'environ vingt pieds d'élévation qui s'avance avec une rapidité que le galop d'un cheval peut à peine surpasser. Cette montagne humide se nomme *le flot* ou *la barre*, et se contrariant, par sa direction, avec le cours de la Seine, dans laquelle elle se précipite, il en résulte une décomposition de forces au point de contact de la rivière avec la mer; les sables charriés par la Seine, qui n'a depuis Rouen que cinq pouces de pente par mille toises (1), ne pouvant aller se déposer au milieu du canal de la Manche, se jettent à son embouchure sur l'une ou sur l'autre rive, et là ils produisent ces bancs et ces canaux multipliés, qui sillonnent le lit de la rivière et en rendent la navigation périlleuse.

« Dans une seule marée des prairies immenses sont parfois enlevées; et les vaisseaux fendent les flots au-dessus des pâturages ou quinze jours avant de riches troupeaux venaient paître, tandis qu'ailleurs le fleuve, par ses alluvions, accroît la richesse des riverains.

« Deux projets dans l'intérêt du commerce ont

(1) La Loire, selon M. Goube dans son Histoire de Normandie, a 2 pieds 6 pouces de pente par mille toises, et le Rhône 6 pieds 8 pouces.

été présentés au gouvernement : l'un, pour établir un canal sur la rive droite, depuis Villequier jusqu'au Havre, a fait connaître des difficultés si insurmontables, qu'on a été obligé d'en abandonner l'idée. En effet, comment l'établir sur les côtes escarpés du pays de Caux, où les falaises, coupées à pic, sont dégradées continuellement par la violence des courans ?

« Le projet sur la rive gauche, au contraire, paraît de plus en plus réunir tous les suffrages. Le canal prendrait à Villequier, passerait par le vieux port, traverserait la montagne de Saint-Léonard, vis-à-vis le port de Quillebœuf, le marais Vernier, la montagne de Laroque ; et de là cotoyant les rives de Berville et de Fiquefleur, il irait vivifier le port d'Honfleur. Cette canalisation offrirait entre autres avantages celui d'y faire participer deux départemens et de rendre navigables plusieurs rivières, à la tête desquelles on doit placer la Rille. Le devis estimatif porte la dépense à 16,000,000 au plus si le canal à cent vingt pieds de large. Les transports de Rouen à la mer diminueraient des quatre cinquièmes de prix, et le voyage se ferait en trente-six heures. »

J'allais quitter mon indicateur, et je me préparais à rentrer dans la ville, lorsqu'il me demanda si je suivrais pour m'en aller la même route que pour me rendre à la chapelle. « Oui, lui dis-je. — Oh alors, s'écria-t-il, je ne puis vous quitter encore ; comme habitant d'Honfleur, je serais trop blâmable de ne vous avoir pas montré ce qu'un étranger doit connaître en arrivant ici. » En parlant ainsi il m'emmena, et après avoir suivi sur la montagne un chemin bordé de haies et de pommiers, nous nous trouvâmes sur un plateau qui, coupé à pic au-dessous de nous, développa subitement à nos pieds Honfleur, ses bassins, et les coteaux boisés qui entourent la ville. La surprise m'arracha une exclamation qu'espérait mon guide, il fit chorus avec moi sur la beauté du panorama du *Mont-Joli*; puis me mettant au courant, « Voici la route de Caen, me dit-il, que vous avez déjà remarquée à l'entrée de la ville : c'est la promenade publique. Là est un château d'une architecture assez singulière, bâti récemment sur des terrains consacrés jusqu'ici à l'agriculture; le propriétaire, M. de Saint-Georges, lui a donné le nom de *Monplaisir*. — Voici de nombreux potagers où se cultive encore le fruit qui pendant longues années fit la réputation gastronomique d'Honfleur : je veux parler des melons, dont la grosseur et le parfum leur méritaient une place distinguée sur nos meilleures tables ; mais l'espèce nouvelle des *cantaloups* s'est multipliée depuis quelques années de toutes parts, et la modicité de leur prix, réunie à la presque certitude de leur saveur, a fait négliger nos melons, dont le prix était souvent fort élevé. Beaucoup d'habitans ne les cultivent guère plus que par un reste d'habitude, ou dans l'espoir de s'en défaire en les envoyant en Angleterre.

« Le clocher aigu que vous voyez sur votre gauche est celui de *Sainte-Catherine*, dont la construction, tout en bois, a nécessité qu'il fût séparé de l'église, pour éviter l'ébranlement que les cloches eussent occasioné aux voûtes. La propreté, la symétrie, les ornemens gothiques et multipliés de ce sanctuaire, appellent l'attention du curieux. Un boulet, que l'on voit encore enfoncé dans un des piliers, date du siège de 1594.

« La montagne que vous apercevez en face de l'endroit où nous sommes, connue sous le nom de côte *Vassal*, et qui forme avec celle-ci une vallée où se prolonge une partie d'Honfleur, offre un point de vue qu'on remarquerait bien plus sans le voisinage du Mont-Joli. C'est sur le point culminant de ce monticule qu'était établie, au siège dont je vous parlais tout-à-l'heure, une batterie de six pièces d'artillerie, dont quatre, venant de la ville de Dieppe, se nommaient les *quatre évangélistes* : dénomination bizarre pour une éloquence aussi foudroyante, et aussi peu comparable au langage tolérant des apôtres.

« Voilà, au bas de la côte Vassal, le chantier de construction où les armateurs du Havre, trouvant une économie considérable dans la main-d'œuvre, font chaque année des commandes nombreuses ; on y a lancé des navires portant jusqu'à cinq cents tonneaux.

« L'industrie étonnante du département de la Seine-Inférieure n'a pas encore franchi le fleuve ; les filatures, les impressions sur étoffes, les fabriques de calicots, sont ignorées dans Honfleur, ainsi que sur toute cette rive jusqu'à Quillebeuf ; et l'épaisse fumée que vous voyez est celle d'une des deux raffineries de sucre de cette ville, qui, avec une manufacture de vitriol et deux brasseries, forment la plus grande partie du bagage industriel des Honfleutais.

« Le petit pavillon que nous apercevons sur notre droite, au travers du feuillage, à quelques pas d'ici, vient d'être construit récemment par M. Thierry de Ville-d'Avray : la position en est délicieuse, mais rien n'y abrite de l'impétuosité des tempêtes.

« C'est sur ce plateau du Mont-Joli où nous sommes en ce moment, que S. A. R. MADAME, duchesse de Berri, venant du Havre par le bateau à vapeur *le Triton*, le 29 juillet 1824, accepta un déjeuner que lui offrit la ville d'Honfleur. Elle admira la beauté du site, s'attira tous les suffrages, et repartit pour le Havre au bout de quelques heures, laissant les habitans charmés des momens qu'elle venait de passer au milieu d'eux, et pénétrés de regrets en voyant s'éloigner si tôt cette affable princesse. »

Mon cicérone m'accompagna sur le port : nous fîmes ensemble le tour des bassins. En passant devant une auberge, je lus en gros caractères : *Ici on fait la chaudière. Eau-de-vie à dépoteyer.* « Que veut dire cela ? — Ce sont des termes de pays. Cette auberge est un bouchon destiné plus particulièrement aux matelots; chacun y apporte le matin son morceau de bœuf, on le met dans une chaudière commune. A une heure dite, tous viennent manger leur soupe et retirer la portion qu'ils avaient déposée; c'est là *faire la chaudière.* Quant au mot *dépoteyer*, c'est du français de Normandie : comme ici toute espèce de liquide se vend au pot, qui contient d'ordinaire environ deux bouteilles, les néologues de cabaret qui vendent au détail, ont trouvé plus simple, pour éviter une périphrase, de se servir du mot élégant de *dépoteyer.*

« Vous voici à votre hôtel du Cheval blanc, célèbre pour avoir reçu l'empereur Joseph II lorsqu'il venait du Havre. Demain matin, de vos fenêtres, vous verrez charger *le Passager*, de beurre, de fruits et d'animaux de toute espèce dont cette rive nourrit l'autre; vous verrez sortir du port, des navires portant en Angleterre une partie de nos fruits, de nos foins, près de sept mille douzaines d'œufs par semaine; et vous saurez alors vous expliquer, au moment de votre départ, d'où provient le total enflé de votre carte payante. »

Je remerciai mon Honfleutais de tous ses renseignemens en lui faisant mes adieux. Je vous en adresse autant. Je penserai demain à partir pour Cherbourg.

LETTRE XIII.

La Saint-Clair. — Pèlerinage pour les maux d'yeux. — La chapelle. — La source. — La *louée* des domestiques. — Saint Sauveur. — Moutons de Présalé. — Fiquefleur. — Ancien couvent de moines. — Jobles. — Grestain. — La Pommeraye.

J'avais à peine fait partir ma dernière lettre pour vous, que j'en reçus une de mon père, qui me mandait que, venant d'arriver avec quelques personnes de la famille à la Pommeraye (1), il m'engageait à remettre à un autre moment mon voyage à Cherbourg pour aller le trouver: vous pensez bien que je n'ai pas hésité.

Ce côté-ci de la Seine n'a pas, comme le pays de Caux, de vieux donjons et des tourelles pour illustrer ses bords, mais la route que l'on parcourt, et qui est celle de Caen à Rouen par Honfleur et Pont-Audemer, est belle, bien entretenue, et offre alternativement aux voyageurs enchantés,

(1) Voyez page 136.

des jardins, des vergers, des habitations charmantes des futaies gigantesques et un fleuve couvert de navires. Pendant que ma voiture avançait, je voyais la route se couvrir de gens de la campagne marchant tous dans le même sens que moi, et vêtus avec un soin qui me fit supposer qu'ils avaient pour but quelque fête des environs. A cet instant, mon postillon m'avertit que les harnais venaient de se casser, et nous arrêtâmes à l'auberge prochaine. Le maître était sur la porte. « Quel motif, lui demandai-je, attire donc tout ce monde? —Monsieur ne sait donc pas que c'est aujourd'hui *la Saint-Clair?*—Pas un mot, je vous assure; mais qu'a de commun saint Clair avec tant d'apprêts?—Ah! vous êtes étranger, je le vois; eh bien! c'est une occasion pour vous de connaître une fête de Normandie. Il n'y a que quelques pas d'ici; je partais pour y aller; je vais vous y conduire, et vous expliquer ce qui s'y passe, pendant qu'on raccommodera votre voiture. »

Mon aubergiste était un homme jeune encore, qui avait l'air plus agile et plus dégagé que la plupart des Normands. « Est-ce que vous ne seriez pas du pays? lui demandai-je. — J'y suis né, me dit-il, mais le service militaire m'en a long-temps éloigné. Je partis pour la conscription sous le régime impérial; j'ai suivi pendant seize ans le même régiment en Russie, en Prusse et en Saxe. Au retour du roi, j'ai obtenu mon congé. Mon vieux père existait encore, et possédait quelques biens de ces côtés. Je revins près de lui : je me mariai. J'achetai la maison où vous vous êtes arrêté, et j'y établis une auberge qui, grace à Dieu, prospère tous les jours. »

En parlant ainsi, nous entrâmes dans le champ de foire. « Le commerce n'en est pas l'unique but, continua l'aubergiste; un pèlerinage et la *louée* des domestiques y attirent encore chaque année une réunion considérable. Les pèlerins ont recours à *saint Clair* pour leur rendre la vue; ils lui adressent une prière dans la petite chapelle que vous apercevez, et vont de là se laver la partie malade dans une source voisine, placée sous la protection de ce patron. »

« Ainsi, disais-je en moi-même, le peuple est partout le même, plus frappé par les sens que par la raison : le nom du saint est la seule chose qui le guide. Est-on aveugle, c'est saint *Clair* que l'on invoque ! — Que cet exemple ne vous étonne pas, me dit mon ancien militaire; rien n'est plus commun dans ces contrées que d'implorer le saint dont le nom peut avoir rapport au mal que l'on endure. Les maux de cou ou les écrouelles ne peuvent être guéris que par saint *Marcou*, la surdité par saint *Ouen*, l'hydropisie par sainte *Eutrope*; les individus dont les membres sont liés, par saint *Hellier;* ceux qui sont entièrement noués, par saint *Arnoult;* les éruptions et les furoncles doivent disparaître en priant saint *Clou;* les cancers, en s'adressant à saint *Mammard;* les enfans débiles sont voués à saint *Fort,* les aliénés à sainte *Restitue,* les brûlés à saint *Laurent;* les enrhumés récitent l'office de *la Toussaint,* et les infirmes implorent saint *Firmin.* Ce n'est pas tout, la superstition va plus loin encore : si le mal résiste aux prières, on en conclut que le saint invoqué n'est pas celui qui doit guérir; et voici comment on prétend le connaître : on met dans de l'eau bénite ou dans du lait autant de feuilles de lierre qu'il y a de saints prétendus malfaisans renommés dans le pays. Sur chaque feuille est écrit le nom d'un de ces bienheureux de la légende. La nuit se passe; le malade, à son réveil, consulte l'eau lustrale; la feuille la plus tachée lui dévoile le nom du saint qui seul peut mettre un terme à son mal, et si plusieurs sont également maculées, les noms sont recueillis, et donnés au prêtre pour les comprendre simultanément dans le sacrifice de la messe. »

Tout en admirant l'immense bonhomie de ces crédules campagnards, j'entrai dans la chapelle de saint Clair, et je fus tout étonné de la trouver dans un délabrement qui ne s'accordait pas avec un pèlerinage aussi fréquenté. L'autel était nu, et le sanctuaire sans autre décoration que deux saints couverts d'une humidité verdâtre. L'un d'eux, semblable à saint Denis, portait sa tête entre ses mains; sur le socle qui le soutenait, je lus le nom de saint Clair. Une inscription à demi effacée indiquait la restauration de cette chapelle en 1607, aux frais d'un vicaire de l'église de Saint-Léonard d'Honfleur. Je sortis de cet humide oratoire, et nous nous dirigeâmes vers la partie du champ de foire où s'établit la louée.

Les femmes qui veulent embrasser l'état de domestique s'y présentent vêtues de leurs plus beaux atours, portant au côté un bouquet qui les distingue. Les hommes y tiennent en main, pour le même motif, une branche de verdure. Mon aubergiste cherchait une servante; il s'approcha d'un groupe de jeunes paysannes, en regarda une sous le nez, examina si les callosités de ses mains étaient une garantie de son travail, la fit marcher quelques pas pour juger si des défauts corporels pouvaient mettre obstacle à son activité, puis, avec un signe d'approbation, lui mettant dans la main une pièce de monnaie, le marché fut conclu. Rien ne me rappelait mieux ces marchés d'esclaves dont tant de voyageurs nous ont fait des descriptions.

« Ce soir, me dit mon guide en me reconduisant chez lui, les acteurs de la Saint-Clair changeront totalement; la promenade sera occupée par tout le beau monde de la ville. Chacun y cherche à éclipser les autres à force de toilette: ce sera le Longchamps d'Honfleur. »

Je remerciai mon hôte; je remontai dans ma voiture, et une demi-heure après j'étais au village de *Saint-Sauveur*, traversé par une petite rivière qui, se jetant, à quelques pas de là, dans la Seine, reçoit à son embouchure des bateaux qui viennent s'y charger de bois et de briques, tandis que d'autres y apportent en échange des cargaisons de moules pêchées sur le banc du Radier. Un poste de douaniers veille au mouvement de ce petit commerce, et près du corps-de-garde sont de vastes atterrissemens que le fleuve inconstant amasse ou détruit sur ces bords, tandis qu'il ronge ou délaisse chaque jour la partie correspondante du pays de Caux. Les herbes marines dont se couvrent les bancs font la richesse des riverains, qui en louent le pacage pour y engraisser ce que l'on vend ensuite sous le nom de moutons de Beuzeville, ainsi appelés parce que c'est au marché de ce bourg que s'en fait le commerce, pour les répandre ensuite de toutes parts sous le nom de moutons de Pré-salé.

J'arrivai au village de *Fiquefleur*, sur la rivière d'Orange. Là finit le Calvados et commence le département de l'Eure, qui, dans sa plus grande longueur d'ici à Gisors, comprend une étendue de vingt-quatre lieues.

« Monsieur m'a paru amateur de beaux sites, me dit ici mon postillon, qui m'avait entendu m'extasier tout le long de la route; s'il y consent, nous continuerons jusqu'au haut de la côte, et là il pourra contempler à loisir un coup d'œil que j'entends vanter à tous les voyageurs. Cela nous détourne un peu de notre chemin, mais nous redescendrons ici dans peu d'instans, et après avoir laissé souffler les chevaux, nous entrerons dans la traverse que l'on aperçoit. » J'acceptai, et je fus amplement dédommagé du petit retard que cela me causait, par la jouissance que me procura ce délicieux point de vue. En vain les sites principaux de ces deux rives présentent quelque ressemblance, les yeux n'en sont jamais fatigués; mais comme la description ne peut s'en répéter sans être entachée d'un peu de monotonie, ma jouissance ici, mon ami, sera personnelle. Je redescendis, et mon postillon me fit remarquer sur le bord de la route l'église de Fiquefleur en forme de croix grecque, auprès de laquelle était jadis une communauté de moines, voués au soulagement des pèlerins qui se dirigeaient sur Saint-Clair, Notre-Dame-de-Grace ou Saint-Méen (1).

Après quelques instans de repos, nous entrâmes dans un chemin de traverse assez beau, quoique fort resserré entre des élévations de terre appelées fossés par les habitans, mais qui ne sont dans le fait que des murs épais, formés d'assises de gazon, sur lesquels sont plantés des arbres de toute espèce. Je passai au hameau de *Jobles*, remarquable par une scierie de marbre, dont je vous parlerai sous peu; puis, continuant ma route entre une montagne couverte de bois dépendant du domaine de la Pommeraye, à notre droite, et la Seine dans le fond sur la gauche, j'arrivai au village de *Grestain*, d'où je distinguai déjà, au travers des massifs de peupliers, les toits ardoisés du château de la *Pommeraye*, que j'avais si peu vu dans mon enfance qu'il ne m'en était resté qu'un souvenir confus. Ne vous attendez pas, quand vous viendrez nous voir, à trouver ici des donjons, des fossés, des ponts-levis; rien de tout cela: mais une arrivée pittoresque entre deux pièces d'eau qu'alimentent d'abondantes sources, puis une enceinte plantée à l'anglaise avec goût, et qu'on désigne ordinairement dans le pays sous le nom majestueux de

---

(1) Trois pèlerinages du pays.

cour d'honneur. Puis enfin une terrasse sur laquelle s'élève avec une élégante simplicité le château construit en briques, dont les couleurs saillantes tranchent sur le vert feuillage.

C'est dorénavant de ce séjour, qui tant me plaît, que je vous adresserai le détail de mes courses dans les environs et sur les bords du fleuve.

LETTRE XIV.

La Pommeraye. — La Villaine. — Le banc du Havre. — La sente Joséphine. — Le mont Courel. — Le Lieuvin. — M. Masson de St.-Amand. — St.-Pierre du Châtel et ses avenues. — Grosourdis et le duc de Bourbon. — La marquise de St.-Pierre née Bardoul. — Notice sur le langage du pays. — Lettre d'un Normand.

Tout a tellement changé ici, mon ami, depuis vingt ans, que le pays a pour moi le mérite de la nouveauté; et ne l'aurait-il pas, sa variété ravissante me le ferait préférer à mille autres. Vous attendez de moi une description du château et de ses environs; je vais vous satisfaire.

Figurez-vous un joli manoir, où douze amis peuvent se trouver logés d'une manière agréable et commode; occupez-les dans l'élégante salle de billard, pendant que les dames consomment dans le salon les romans du jour, et suivez-moi dans l'intérieur de la maison : que dites-vous de la propreté et de la bonne tenue de ces escaliers cirés et brillans, de ces corridors dont le carreau luisant annonce qu'ils gémissent chaque jour sous la brosse agitée? Vous attendiez-vous à trouver dans un hameau de pêcheurs, à cinquante lieues de Paris, les recherches de la capitale? Entrons dans quelques chambres : la propreté tient lieu de luxe, et jamais l'agréable ne s'y rencontre aux dépens de l'utile. Le second étage ne le cède en rien au premier, et je vous ferais grace du troisième, si je ne voulais vous donner à connaître la portion de mon charmant réduit, où d'un côté j'embrasse à la fois les jardins, les vergers, les pièces d'eau, tandis que de l'autre le vallon, s'ouvrant à mes yeux, me montre le large bassin de la Seine, et le clocher d'Harfleur sur l'autre rive.

Redescendons, et traversons le château : voici les potagers qu'une rivière limpide sépare de l'habitation. Des truites nombreuses en animent les eaux, leur grosseur excède rarement la médiocrité, mais le gourmet s'en console en se rappelant avec l'Apicius français (1) « que lorsque « l'on a une de ces truites qui dépassent à peine « un quart de livre, et qui proviennent des ruis- « seaux d'eau vive qui murmurent loin de la ca- « pitale, la faire frire dans la plus fine huile « d'olive donne un mets qui dûment saupoudré,

(1) Brillat Savarin.

« et rehaussé de tranches de citron, est digne
« d'être offert à une éminence. »

Cette petite rivière, qui, dans son cours rétréci, semble se hâter de porter son tribut à la mer, se nomme *la Villaine*. Nous voici dans l'allée des *noisetiers*, où, défiant la chaleur du jour, on peut venir au bruit du murmure des eaux entretenir ses douces rêveries. Traversons le petit bois de *Montauban*, et reposons-nous au *banc du Havre*, ainsi nommé de son point de vue : la lunette à la main parcourons cinq lieues par seconde : voyez-vous les clochers de la ville, le drapeau blanc flottant dans le port, et l'épaisse fumée des bateaux à vapeur ; quel mouvement ! quelle distraction continuelle ! Maintenant, sortons de l'intérieur des jardins, et, traversant la *charrière* (1) *Vigan*, un chemin soigné s'ouvre sous nos pas, c'est la *sente Joséphine*, dont les bordures tutélaires nous abritent des rayons du soleil couchant ; le pâtre fait retentir au loin son champêtre galoubet ; la cloche du sanctuaire

---

(1) Ce mot de pays, pour désigner une route rapide tracée dans une côte, ne se trouve dans aucun dictionnaire ; mais il doit tirer son origine des eaux et des sables que les orages y font *charrier* : de là les gens de la campagne ont fait *route charrière*, puis par abrégé *charrière* seule. Le nom de *Vigan* lui vient d'un des premiers propriétaires des bois voisins, ainsi dénommés encore dans les anciens actes.

annonce à coups mesurés l'angelus, et le crépuscule laisse encore apercevoir des groupes de faneuses retournant à leurs chaumines.

Nous voici sur le sommet du mont *Courel*, couvert d'immenses bruyères, que le pauvre vient écorcer chaque jour à la sueur de son front, pour alimenter son foyer. Assis sur le penchant de cette colline, comme on contemple avec un calme délicieux l'astre du jour à son déclin, disparaissant dans des nuages embrasés derrière la cité du Havre! quel magnifique reflet l'environne dans les cieux et les eaux! « Nous
« touchons à l'heure mystérieuse où les premiers
« silences de la nuit et les derniers murmures
« du jour luttent sur les coteaux au bord des
« fleuves, dans les bois et dans les vallées. Les
« horizons sont encore un peu colorés; mais déjà
« l'ombre repose sur la terre; les forêts ont re-
« tenu leurs mille voix, pas un brin d'herbe, pas
« une mousse ne soupire (1). » La nuit s'épaissit, je songe au retour.

La partie du département de l'Eure où se trouve le château de *la Pommeraye* (2) dépendait, du temps des Romains, du territoire des

---

(1) Génie du Christianisme.— Chateaubriand.

(2) Situé à la fois sur les communes de Carbec et de Berville-sur-Mer, canton de Beuzeville, arrondissement de Pontaudemer, département de l'Eure.

Lexioviens, dont Lizieux était la capitale. Cette partie de la Normandie, qui prit, dans les temps modernes, le nom de *Lieuvin*, conserve toujours le même chef-lieu, compte encore parmi ses autres cités *Pont-Lévêque*, *Bernay*, *Honfleur*, une partie de la ville de *Pontaudemer* (1), et a pour limites les rivières de *Rille* et de *Touques*.

Sans pouvoir fixer l'époque où une habitation fut construite sur l'emplacement qu'occupe aujourd'hui le château de la Pommeraye, il paraît cependant qu'il y existait déjà vers la fin du seizième siècle (2) un petit manoir d'une médiocre valeur, d'un aspect presbytéral, et qui, après avoir passé dans diverses mains que la tradition signale à peine, est devenu, on ignore à quelle époque, la propriété de MM. d'*Houël*, gentilshommes normands dont un des ancêtres fut du nombre des vaillans défenseurs du mont *Saint-Michel* contre les Anglais, en 1424. Cette famille honorable a été atteinte, comme beaucoup d'autres, par une révolution qui fit tant de victimes.

---

(1) La partie de la ville de Pontaudemer, située sur la rive droite de la Rille, dépend du *Roumois*.

(2) Un titre sur parchemin, du 16 novembre 1566 (sous Charles IX), existe entre les mains du propriétaire actuel de la Pommeraye. C'est un bail du moulin de *Vigan*, appartenant alors à l'abbaye de Grestain, bail dans lequel est réservée la franche mouture du seigneur de la Pommeraye, *suivant son droit.*

Vers l'an 1800, cette propriété passa entre les mains de M. Masson de Saint-Amand, devenu peu après préfet du département de l'Eure. Le local prit, dès ce moment, une face nouvelle : des constructions bien entendues, des plantations faites avec goût, et un entretien journalier, offrirent un séjour dont l'agrément s'augmenta chaque année, et où il serait difficile à présent de reconnaître les premières traces.

Je n'entrerai pas dans de plus longs détails; écoutez maintenant le narré de notre promenade d'hier. A une demi-lieue, sur la hauteur, au nord de la Pommeraye, est un petit château dont la vue charmante, planant sur la vallée de Conteville, embrasse un horizon gracieux et étendu : *Neuville* est son nom. Continuant à l'est de la Pommeraye, on arrive, par des avenues dignes d'une résidence royale, au château de *Saint-Pierre du Châtel*, et l'on y admire le goût de celui qui, présidant à la plantation première, put juger d'avance du magique effet de la plupart des points de vue qu'on y découvre. Malheureusement ce que l'on nomme le *Château*, désenchante de tout ce grandiose; rien dans sa construction n'est en harmonie avec les avenues séculaires qui le précèdent, et l'on croit entendre Beaumarchais s'écriant, dans d'autres circonstances applicables ici : « C'est ainsi qu'on en-

« noblit la pauvreté des objets par l'importance
« des moyens. »

Le fief de Saint-Pierre du Châtel fut acquis, vers l'an 1425, par la famille *Grosourdis*, dont un personnage, connu dix ans après sous le nom de sa propriété, fut envoyé à Arras par Charles VII, à la suite du duc de Bourbon chargé de traiter de la paix entre la France et l'Angleterre, par la médiation du pape.

Les guerres civiles, ainsi que les invasions des Anglais, ayant désolé vers ces temps la France, et plus particulièrement la Normandie, la forteresse de Saint-Pierre tomba sous les coups de ces derniers, fut détruite par eux lorsqu'ils abandonnèrent le pays; et les descendans des premiers propriétaires élevèrent à la hâte le château actuel, avec l'intention de construire plus tard une habitation en rapport avec la fortune dont ils jouissaient. Trois siècles après, un Grosourdis, seigneur de Saint-Pierre, songea à utiliser de nombreuses landes qui environnaient ses propriétés; un goût décidé pour l'agriculture le porta à exécuter une partie des immenses plantations que l'on admire, et son fils, le marquis de Saint-Pierre, héritier de ses goûts, non content d'achever ce qu'avait si bien commencé son père, entreprit de mettre à exécution le projet de reconstruction du château; mais la révolution s'opposa à ses desseins, et des pierres de démolitions (d'une abbaye voisine[1]), qu'il venait d'acquérir à cet effet, se voient encore au milieu de la cour, à demi ensevelies sous les ronces et la mousse que le temps y accumule depuis trente années.

Cette magnifique propriété appartient aujourd'hui à la veuve du marquis de Saint-Pierre, dont les ancêtres, du nom de *Bardoul*, suivirent le duc Guillaume à sa conquête de l'Angleterre.

L'habitation qui existe au moment où j'écris a été bâtie près du donjon primitif, dont la fondation présumée remonte au dixième ou onzième siècle, mais dont on a la certitude de l'existence à l'époque où le roi Jean régnait en France.

Cette vieille forteresse, située avec avantage à l'angle d'un coteau qui domine deux vallées, devait maîtriser le pays dans les temps du moyen âge, et pouvait soutenir avec succès les assauts des voisins guerroyans. Ses ruines, enfouies sous les mouvemens de terre qui se distinguent encore au bas du labyrinthe actuel, peuvent donner une idée précise de son premier emplacement.

---

(1) Démolitions de l'abbaye de Grestain.

Nous remarquâmes les jardins : l'abondance et la saveur de leurs fruits jouissent d'une grande réputation dans le pays. On nous montra des monnaies du temps du roi Jean trouvées en creusant un puits, et nous quittâmes le château non sans admirer la position de la terrasse, qui d'un côté fait planer la vue sur de délicieuses prairies couvertes de bestiaux, tandis que de l'autre on aperçoit, à l'extrémité de la vallée, la Seine et le château d'Orcher près la ville d'Harfleur.

Nous descendîmes sur les bords sinueux et ombragés de la Villaine ; et suivant ses méandres multipliés, nous rentrâmes au château de la Pommeraye, où je trouvai un exprès porteur d'une lettre d'un brave capitaine de vaisseau marchand, dont j'avais fait la connaissance à ma table d'hôte du Havre. Je lui avais promis de l'aller voir ; il me rappelait ma parole ; et, se souvenant d'une dissertation que nous avions eue ensemble sur le parler de ce pays, il m'envoyait une notice relative au langage normand, et la terminait par un billet où il s'était plu à employer une grande partie des termes en usage ici. Cette notice m'a paru de quelque intérêt : je la transcris ainsi que la lettre. C'est le capitaine qui parle :

« Je vous avais dit, monsieur, que j'avais mis par écrit, il y a long-temps, quelques réflexions sur le vocabulaire normand; je viens de les retrouver, et je les joins à mon épître.

« Le langage des habitans du Lieuvin et d'une
« partie du Roumois est empreint, comme dans
« tout le reste de la Normandie, d'un type criard
« et traîneur dans les finales. *C'est dommage*, dit
« *Caraccioli, qu'ils aient un accent qui émousse*
« *leur esprit; les pensées perdent plus de la*
« *moitié de leur valeur quand on les rend pe-*
« *samment* (1). Ils participent un peu du gras-
« seyement des Rouennais, mais ils ne finissent
« pas leurs phrases, comme à Évreux, par des
« terminaisons sonores et presque aussi métalli-
« ques qu'une cloche qui a été frappée. Ils se
« contentent d'appuyer sur la dernière syllabe
« du mot, après avoir souvent brusqué la pre-
« mière. Si cet accent est désagréable chez les
« hommes, il produit une impression plus fâ-
« cheuse lorsqu'il sort de la bouche d'une jeune
« et jolie femme, et le nombre en est grand sur
« ces côtes.

« Les gens de la campagne, et beaucoup de
« ceux de la ville, ont la détestable habitude de
« vous faire répéter deux fois les mots que vous
« leur adressez; c'est un petit astuce normand, qui

(1) Voyage de la Raison en Europe en 1769, par le marquis DE CARACCIOLI.

« leur facilite le temps de chercher leur réponse;
« et ils y manquent rarement en vous criant,
« comme à des sourds, leur insoutenable *quy'ou*
« *plaît ?* (s'il vous plaît, ou plaît-il?)

« Ils semblent prendre à tâche dans mainte
« occasion de suivre le contre-pied de la langue,
« soit dans leur manière de prononcer certains
« mots, soit dans la valeur qu'ils leur donnent;
« ils trouvent *agréáble* de rester long-temps à
« *tâble*.

« S'ils voient qu'une femme a pris beaucoup
« d'embonpoint, ils prétendent qu'elle est de-
« venue *bé* (bien) *grōsse* et *bé grāsse*.

« S'ils s'en vont à leur maison, ils vous diront
« *me vlá hâllé à la mēson* (me voilà allé à la
« maison), pour *regârder* par la *crouësée* (croi-
« sée) dans le *jârdin* (1).

« Ils prononceront une anguille comme on
« prononce une aiguille; mais, en revanche, une
« aiguille sera articulée comme une anguille doit
« l'être.

« Pour eux, un homme très-gros est *grōssier*,
« une femme replète est *lourdière*, et un beau
« fruit est un fruit *affreux*.

« Demandez qu'on vous rende un service, on

---

(1) J'indique par un accent circonflexe les voyelles que l'on prononce longues dans le pays, et par un — celles que l'on fait brèves.

« vous dira *tout-à-l'heure*, et on le fera de suite.

« L'habitude ici est de séparer chaque habi-
« tation par des amas de terre de huit ou dix
« pieds de haut, que partout on nommerait des
« murs; ici ce sont des *fossés*. Ils défrichent un
« champ ou un bois; l'emplacement est mis en
« culture, c'est un *désert* (1). Ils achètent une
« ferme toute neuve et garnie de tous les in-
« strumens nécessaires à un faire valoir, voilà une
« *mâsure*.

« Je n'en finirais pas si je citais toutes les
« contradictions de leur dictionnaire. Passons à
« d'autres détails.

« Dans leur grammaire usuelle, le duc d'An-
« goulême a remporté la *victouëre* du Trocadero;
« et, le jour où S. A. R. Madame, duchesse de
« Berri, est venue à Honfleur, il y avait tant de
« monde, que tous n'étaient pas assez heureux
« pour la *vouëre*. On croit, quand on connaît
« cette désinence, que tous les mots à finale
« semblable doivent se terminer de même, on
« croit que tout le monde, au débarquement de
« la princesse, la saluait sur les jetées en agitant
« des *mouchouërs*; eh bien! l'on se trompe :
« c'étaient des *moucheux*.

« Lhomond nous a prévenus depuis long-temps

(1) Corruption du mot *essart*, terre défrichée.

« que deux négations valent une affirmation ; mais
« ici on est difficile à persuader : il en faut trois.
« Ils vous diront *qu'ils n'ont pas guère de pom-*
« *mes*, qu'il *n'y a pas personne dans le pays qui*
« *en ait cette année*, et que c'est étonnant, puis-
« que déjà *l'an dernier ils n'en avaient pas pièce*.
« Demandez-leur pourquoi cette singulière ma-
« nière de s'énoncer, ils vous diront que *ça ne fait*
« *pas rien*, et qu'on les *comprend bè tout de même*.

« *Il m'est avis*, disent-ils (je pense), que lorsque
« l'on vous a prêté un cheval, il faut le *retourner*
« le plus tôt possible (le rendre); que lorsque
« quelqu'un qui vous intéresse peu veut se rui-
« ner, il faut le *quitter aller* (le laisser faire).

« Si quelqu'un veut enfoncer un clou, il ne le
« chasse pas, il le *cache ;* si le clou entre bien il
« *fait la commission* (il remplit le but); et, s'il
« n'entre pas, c'est que probablement il y a *de*
« *quoi* qui *oppose* (quelque chose qui en em-
« pêche).

« Leur langage est rempli de continuelles éli-
« sions. S'ils ont *c'mencé* (commencé) à faire la
« *l'ssive* (lessive), ils veulent que vous les *l'ssiez*
« (laissiez) tranquilles; et, quand la *j'ment* (ju-
« ment) qui porte le linge à la fontaine *a bè*
« *magè* (mangé), ils vous recommandent *de bè*
« *l'amarrer* dans l'écurie, de peur qu'il ne lui
« prenne l'envie de *sorti* (sortir).

« Si un site leur paraît agréable sur le bord de
« la mer, ils trouvent *que c'est une bè gentille*
« *place tout de même sur le bord de la mé.*

« Enfin, lorsqu'ils ont fini leur ouvrage, ou
« que, comme moi, ils veulent terminer des
« observations déjà devenues trop longues, ils
« prétendent que *ça fait quitte* (que c'est fini). »

Ce petit recueil est incomplet dans son genre.
La lettre suivante, que j'ai l'honneur de vous
adresser, remplira une partie des lacunes.

« *Premier que* vous fussiez parti du Havre (1),
« mon cher monsieur, j'étais déjà en mer; mais
« ayant oublié à *l'enrai* (2) des papiers impor-
« tans que m'avait confiés mon armateur, *j'ai eu*
« *peine de redoubler* (3). Vous devez penser com-
« bien cela m'a *élugé* (4), car, à dire vrai, après

_____

(1) *Premier que*, pour avant que, ou d'abord. Cette locution, que l'on trouve dans notre vieux langage, est fréquente dans les Vaudevires d'Olivier Basselin, qui vivait en 1417, et dans les Mémoires de Joinville, qui dit, en parlant de son départ pour la croisade : « Je m'empars de Joinville, sans ce que je rentrasse
« oncques puis au châtel, jusques au retour du véage d'outre mer,
« et m'en allai *premier* à de saints véages qui étoient *illesques* près
« tout à pieds déchaux. »

(2) A *l'enrai*, pour dans l'endroit.

(3) *J'ai eu peine de redoubler*, pour j'ai été obligé de retourner. Cette locution vient surtout des gens de mer.

(4) *Élugé*, pour ennuyer : l'origine de ce mot ne viendrait-elle pas du latin *lugere*, pleurer? on est disposé à pleurer lorsque quelque chose ennuie ou contrarie.

« la longue course que je viens de faire, *j'avais
« de la mer à suffire* (1); aussi, je compte *arrêter
« ici une pose* (2). Depuis huit jours que je suis
« de retour je me suis déjà tellement *apiégé* (3)
« aux soins de ma femme et de mes *efans* (4), que
« je ne me sens pas *paré* (5) à repartir de sitôt.

« Je voulais aller, *anuy* (6), vous *quérir* (7),
« moi-même, dans mon *embarcation* (8); mais
« voilà trop long-temps que j'ai quitté Quillebœuf,
« je ne connais plus la *passe du chenal* (9), je
« risquerais de m'*adirer* (10), en voulant *élui-
« ter* (11) ma route.

(1) *J'avais de la mer à suffire*, pour j'étais fatigué de la mer.
(2) *Arrêter une pose*, pour rester quelque temps. Olivier Basselin, dans une de ses vaudevires, s'exprime ainsi :

> Je la regardois *une pose*,
> Elle estoit blanche comme let
> Et doulce comme ung aignellet,
> Vermeillette comme une rose.

(3) *Apiégé*, pour habituer.
(4) *Efans* pour enfans.
(5) *Paré*, pour prêt; du latin *paratus*.
(6) *Anhui* ou *anuy*, locution des gens de la campagne pour dire dans la journée. Cela ne vient-il pas de *ante noctem*? (avant la nuit?)
(7) *Quérir*, pour chercher; du latin *querere*.
(8) *Embarcation*, petit bateau.
(9) *La passe du chenal*, le chemin connu des pilotes pour passer au milieu des bancs sans danger.
(10) *Adirer*: encore employé, comme terme de droit, pour égarer.
(11) *Eluiter*, pour choisir; du latin *eligere*.

« J'ai d'ailleurs malheureusement un motif qui me retient ici. Mon ouvrier de confiance, qui s'était gravement blessé en *grillant* (1), l'hiver dernier, à l'époque du *remeuil* (2), vient de rouvrir sa blessure à la tête, en se laissant *aborder* (3) par une branche d'un cerisier qu'il était en train de *locher* (4). Depuis ce jour, ce pauvre homme est comme *demeuré* (5), et *définit* (6) de plus en plus. A cela, joignez d'autres petits tracas domestiques, et vous jugerez qu'il m'est impossible de m'éloigner de chez moi. Venez donc, puisque la chaleur n'est pas aussi *eurible* (7) que l'an dernier; si vous attendiez encore un *miet* (8), vous risqueriez d'en être *abalé* (9), à moins de choisir un jour où le soleil serait *muché* (10).

(1) *Griller*, glisser.

(2) *Remeuil*, dégel.

(3) *Aborder*, terme de marine que les riverains emploient quand ils veulent dire *atteint, touché, frappé*.

(4) *Locher*, mot français peu usité, qui signifie *secouer*: se trouve dans Boiste.

(5) *Demeuré*, aliéné.

(6) *Définit*, tombe en langueur.

(7) *Eurible*, pour hâtive ou précoce. Il s'emploie le plus ordinairement en parlant des fruits; on disait dans le vieux langage, pour un fruit précoce, qu'il venait *d'heure* ou *d'eure*. On en a fait *eurible*.

(8) Un *miet*, pour quelques momens, quelque temps.

(9) *Abalé*, pour abattu.

(10) *Muché*, pour cacher; vieux mot qui se trouve encore dans le dictionnaire, à *musser*.

« Votre fermier doit être assez *étorè* (1) de che-
« vaux, pour vous en *bâiller* (2) un; cela ne peut
« l'*étriver* (3), car il est sans doute, comme les au-
« tres cultivateurs, occupé à *touser* (4) ses moutons.

« Vous prendrez en venant le chemin du Ma-
« rais-Vernier; c'est le plus court, mais, comme
« tout le terrain qui environne Quillebœuf est
« devenu très *mucre* (5), par suite du dernier
« orage ou après un temps des plus *affouchis* (6),
« une *crétaine* (7) considérable s'est répandue
« dans la campagne, je vous conseille de bien
« tenir en main votre *bidet d'allure* (8), si vous
« ne voulez pas qu'il vous envoie *bouler* (9), ou
« qu'il vous *emmole* (10) jusqu'au genou.

(1) *Étorè*, pour fourni.

(2) *Bâiller*, pour prêter, donner : mot employé encore dans le langage populaire.

(3) *Etriver*, pour fâcher, vexer, impatienter. On le trouve dans Amyot. Boiste lui donne la signification de lutter. Il est employé plus ordinairement ici pour dire faire une niche, ou, en style populaire, faire aller.

(4) *Touser*, pour tondre.

(5) *Mucre*, pour humide, du latin *mucus*. Nous avons encore en français *mucosité*.

(6) *Affouchis*, pour affourchie; subs. fém. peu usité, que Boiste dit signifier augmentation de vent.

(7) *Crétaine*, pour crue, ou invasion subite des eaux.

(8) *Bidet d'allure*; c'est un cheval qui va l'amble.

(9) *Envoyer bouler*, pour jeter au loin; il se dit aussi au figuré pour remplacer la locution *envoyer promener* celui qui vous ennuie.

(10) *S'emmoler*, s'embourber.

« Adieu, mon cher monsieur, vous me *repi-*
« *leriez* (1), si vous ne m'ôtiez l'espoir que j'ai
« de vous posséder *illo* (2); ne m'obligez pas à
« vous *réforcer* (3).

« Recevez les témoignages, etc.

« *P. S.* Je me permets de vous offrir un
« saumon et une trentaine de beaux *épelans* (4),
« qui ont été pêchés ce matin; vous serez assez
« bon pour me rapporter le *moucheux* (5) *dans*
« *qui* (6) qu'ils sont enveloppés, *est-pas?* (7) »

Je ne pouvais rien refuser à une invitation dans ce style normand. Le lendemain j'enfourchai un cheval, et partis pour Quillebœuf, en recueillant sur ma route des détails, qui feront le sujet de ma première lettre.

(1) *Repiler quelqu'un*, pour le tourmenter, lui faire de la peine.
(2) *Illo* pour ici: le mot est entièrement latin. Voyez, dans la première note de cette lettre, le mot *illesques*.
(3) *Réforcer* quelqu'un, c'est le déterminer à force d'invitations.
(4) *Épelans*, pour éperlans.
(5) *Moucheux*, pour mouchoir.
(6) *Dans qui*, locution du pays.
(7) *Est-pas*, pour n'est-ce pas. C'est la fin de la plupart des phrases des habitans: il fait chaud *est-pas?* tu es fatigué, *est-pas?*

LETTRE XV.

La Fosse Glame. — Posée de Berville. — Hellouin, seigneur de Berville.—Les pêcheurs.— Le Boulinguet.— L'espadon.— Les Tadornes. — Marais de Conteville. — Banc du Nord. — La Rille.— Le bac du Magasin.— La Roque.

La distance de la Pommeraye à Quillebœuf est de plus de quatre lieues : je partis de bon matin, et, remontant le Mont-Courel, j'arrivai, après avoir traversé des bruyères assez étendues, à une excavation qui se trouve sur le versant de la côte, au-dessus de la mer, et que l'on connaît dans le pays sous le nom de *fosse Glame*. On a cru reconnaître dans ce mot une corruption de celui de *Guillaume*, qui, dit-on, avait placé au-dessus de cette crypte souterraine un de ses postes d'observation lorsqu'il partit de Dives pour aller s'emparer de l'Angleterre. Cette caverne aurait servi, si l'on en croit la tradition, à enfermer les armes et les munitions du détachement. Huit siècles écoulés depuis ce moment ont décidé des éboulemens fréquens dans le terrain, et l'ouverture en était entièrement bouchée, lorsque le dernier curé de Berville, espérant trouver de nombreux débris d'armures et d'antiquités, y fit entreprendre des fouilles qu'il se hâta d'abandonner en voyant qu'il n'en tirait aucun résultat. Pour moi, je pense que cette excavation pourrait bien avoir servi, dans le onzième siècle, de lieu de supplice à la femme d'un nommé Guillaume, laquelle, selon les lois barbares du temps portées contre le sexe en ce pays, aurait été, par suite d'un grand crime commis, jetée dans cette cavité (1).

A quelques pas de la fosse Glame se découvrit au-dessous de moi, dans la plaine, le village de *Berville*, dont la Seine baigne les bords; village devenu, à partir de l'an 1812, par suite du déplacement des vases qui l'environnaient depuis 1760, la *posée* des navires qui, descendant au Havre ou se dirigeant sur Rouen, viennent attendre là des vents plus favorables ou les marées de syzygie; puis, regardant au loin, j'aperçus la rivière de *Rille* apportant dans la Seine le tribut de ses eaux.

Je descendis dans Berville, dont l'odeur infecte de poisson corrompu m'annonçait, à n'en

---

(1) Voy. Traité des coutumes anglo-normandes, par HOUARD, tome II, page 47. in-4°.

pas douter, une résidence de pêcheurs, et j'entrai chez le pasteur, dont l'habitation, placée à la porte du cimetière et de l'église, semble avoir été connue de l'auteur d'*Atala* lorsqu'il dit : « Son presbytère est bâti auprès de la demeure « des morts, dont il surveille la cendre. »

Le vénérable ecclésiastique, que plusieurs visites, à la Pommeraye m'avaient déjà fait connaître, me reçut avec la simplicité cordiale des premiers apôtres. Après avoir échangé quelques lieux communs de conversation, je le mis sur le chapitre de ce que le village pouvait offrir de curieux : « Son antiquité, me dit-il, paraît remonter au dixième siècle, et l'on croit généralement que depuis le onzième il relevait des seigneurs de *Conteville*, dont le comte Hellouin ou Herluin, mari de la belle Arlette, mère de Guillaume-le-Conquérant, fut, selon toute probabilité, le premier possesseur. Je n'entrerai dans aucun détail à ce sujet; un antiquaire de ces contrées, dont la propriété se trouve située sur l'emplacement qu'occupait autrefois, à Conteville, le vieux manoir d'Helloin, y a fait des recherches : il vous en parlera lui-même quand vous irez le voir (1).

« La population, qui peut monter ici à quatre

---

(1) M. Rever. Voyez lettre XVIII.

cents individus, partage son temps entre la culture des terres et la pêche, dont les tristes résultats n'ont jamais ouvert le chemin de la fortune aux malheureux qui l'exercent. Lorsque plusieurs habitans ont amassé à force d'économie une modique somme, ils se réunissent au nombre de trois ou quatre *personniers* (1), achètent, pour environ 400 francs, une barque avec tous ses agrès; puis, sans jamais connaître de repos, ils vont, bravant les saisons et les tempêtes, tendre au milieu des eaux les filets dont ils doivent partager entre eux le produit. Et quel produit, hélas! lorsqu'on pense que quelques sous en sont le résultat pendant une moitié de l'année, et quelques francs dans l'autre (2). Cependant une chance heureuse parfois se déclare, et un saumon pris au *piège* (c'est leur terme) fait oublier toutes les peines, et ravive l'espérance.

« La plupart du poisson que l'on pêche dans les parages de Berville est de la petite espèce, et il y en a d'un si mauvais goût, qu'on l'emploie à fumer les terres ou à engraisser la volaille, qui

---

(1) C'est ainsi qu'ils désignent leurs associés.

(2) Leur pêche, dans les mauvais jours, vaut environ 10 sols, et dans les bons de 4 à 5 fr. Il est reconnu que pour faire leurs affaires et ne pas s'endetter, il faut qu'ils gagnent de 3 liv. 10 s. à 4 fr. par jour.

s'imprègne tellement de cette affreuse odeur, que des semaines entières d'une nourriture différente suffisent à peine pour la dissiper. Malheur à l'habitant des villes à qui sont inconnus les résultats du *boulinguet* (1); des provisions achetées au marché sans le plus scrupuleux examen amènent sur la table un mets dont les vapeurs nauséabondes se dévoilent sous le couteau, et obligent à faire exporter rapidement le plat malencontreux.

« Les poissons que les pêcheurs trouvent le plus fréquemment dans leurs filets (2), sont le *chien de mer* ou *roussette*, l'indigeste *lamproie*, l'ignoré *pimperneau*, de minimes *anguilles*, des *crabes* dont la petitesse ne permet l'usage qu'en bisques ou en coulis, la *flondre*, connue ailleurs

---

(1) Espèce de petit poisson fort commun ici.

(2) Le plus grand filet dont les pêcheurs se servent ici est appelé *guideau*. Un ouvrage récent en a donné une description fort exacte. La voici : « Ces filets consistent simplement dans une vaste poche de mailles, dont l'ouverture est assujettie, à une certaine hauteur du sol, à deux perches plantées perpendiculairement dans la vase. Le fond, entraîné par son propre poids, traîne naturellement au-dessous de la gueule du filet; mais au moment où la mer montante pousse avec rapidité ses eaux, la force du courant tient nécessairement tout le corps du filet dans une position horizontale, et le poisson y est poussé dans la même direction jusqu'au moment où, le reflux imprimant un mouvement rétrograde, le fond du guideau tombe au-dessous de l'ouverture, et ferme ainsi le filet par son propre poids.

sous le nom de *flet* ou de *plie*, l'excellent crustacée nommé *crevette*, de petits *carrelets*, quelques *soles*, *l'œillet* et le *cradeau*, espèces de sardines, l'*orphie*, à arêtes vertes, le *mulet*, et enfin ce poisson délicat qui, irisé comme la nacre et odorant comme la violette, a été appelé par un aimable gourmet le *bec-figue des eaux* : vous voyez qu'il est question de l'*éperlan*.

« Les gros temps font parfois échouer sur ces bords des marsouins, dont les gémissemens prolongés signalent alors la détresse. Les habitans en tirent une huile de médiocre qualité, et en salent des morceaux pour leur provision d'hiver.

« A de longs intervalles, de forts coups de mer ont jeté sur la grève d'énormes cétacés; mais ces aubaines sont devenues rares, et à peine en cite-t-on une depuis l'espadon qui y a été trouvé mort vers l'an 1807 ou 8, et dont la tête, armée de son sabre, fut envoyée et se voit encore au château de la Pommeraye.

« Avec les brouillards d'automne arrivent aussi sur nos plages les *hérons*, les *cigognes*, les *courlis*, et cette prodigieuse quantité de volatiles de mer dont les *goëlands* et les *mouettes*, connus ici sous le nom de *margats* ou de *mauves*, font la masse principale. Mais parmi tant d'oiseaux voyageurs, le plus curieux de tous, par l'agrément de son plumage et la facilité avec laquelle on l'apprivoise dans nos basses-cours, est une espèce de canard connue en histoire naturelle sous le nom de *tadorne* : des habitudes singulières le portent à aller établir son nid dans les terriers dont il a chassé les lapins; et c'est au sortir de ces retraites que les pêcheurs s'en saississent pour en faire un petit commerce avec les villes voisines. »

Je remerciai le curé de son aimable accueil et des détails intéressans qu'il avait bien voulu me donner. Je me remis en route par les bords de la mer; et suivant des chaussées pratiquées sur d'anciens marais dépendans de la commune de Conteville, j'arrivai à un immense herbage, connu dans le pays et sur la carte de Cassini sous le nom de *banc du Nord*, que des alluvions successives ont formé à l'embouchure de la Rille. Cette propriété, qui a compté jusqu'à une lieue de diamètre, est réduite à présent à moins du dixième de sa valeur primitive; la Seine s'est lassée de fuir ces bords, et chaque jour elle reprend avec usure ce qu'elle avait abandonné depuis long-temps.

J'arrivai au passage de la Rille, connu sous le nom de *bac du Magasin*, et, traversant cette rivière, dont la largeur à cet endroit peut être à peu près comparée à celle de la Seine à Paris sous le pont de la cité, j'entrai sur la commune de *Laroque*, ainsi nommée du promontoire rocailleux qui la termine, en regard et un peu au-dessous de Tancarville; je gravis la côte, et j'arrivai sur le point le plus élevé, nommé le *camp des Anglais*. Je vous en parlerai dans ma prochaine épître.

LETTRE XVI.

Le camp des Anglais. — La pointe de Laroque. — Ermitage de saint Béranger. — Le marais Vernier. — Château du duc de Mortemar. — Caverne du marais. — Légumes monstrueux.

Les vieux débris de terrassement connus, sur la côte de *Laroque*, sous le nom de *camp des Anglais*, sont un des restes du trop long séjour qu'à diverses époques ces insulaires ont fait en Normandie. Jamais position militaire ne fut mieux choisie; ils dominaient de là tout le pays de Quillebeuf au Havre, et pouvaient, par des signaux, correspondre avec les postes militaires des deux rives de l'embouchure.

Le curé de Berville m'avait indiqué, en me quittant, les endroits remarquables que je devais visiter avant d'arriver à Quillebeuf; je m'en souvins, et dis au petit pâtre qui me servait de guide de me conduire à la *pointe de Laroque*: c'est l'extrémité du promontoire sur lequel je me trouvais, et qui sépare la vallée du *marais*

Vernier de celle de la Rille. Nous passâmes au milieu des habitations du village de *Laroque*, où mon conducteur me fit remarquer un énorme poirier qui seul avait donné, quelques années avant, une récolte de huit cents pots de poiré (le pot fait à peu près deux bouteilles), puis nous arrivâmes par un chemin boisé à une caverne, où une forte pluie, qui venait à l'instant même de fondre sur nos têtes, nous obligea de chercher un abri. De là nous découvrions les flots que la bourrasque venait de soulever; de frêles barques de pêcheurs semblaient à chaque instant prêtes à disparaître sous les lames; je fis pour ces malheureux des vœux hélas bien impuissans! Cette grotte me rappela celle que l'on m'avait fait voir sur l'autre rive, au bas de la côte d'Ingouville, où Bernardin de Saint-Pierre, à la suite de légers chagrins d'enfance, avait voulu se faire ermite. Les noms des voyageurs s'offraient ici de toutes parts aux yeux; je les parcourais dans l'espoir d'en rencontrer quelques-uns qui me fussent connus, lorsque des lignes serrées, et gravées dans la pierre avec assez de soin, attirèrent mon attention; je m'approchai, et voici ce que je lus : « Cette caverne « est illustrée depuis près de huit siècles par le « séjour d'un saint homme, dont la vertueuse « existence a mérité la canonisation. »

« *Gerèmer* (c'était son nom, dont le peuple,
« sans motif, fait ordinairement *Béranger*),
« issu d'une famille distinguée, naquit sous le
« règne de Clotaire II (sixième siècle), dans
« le village de Vardes, sur la rivière d'Epte.
« S'étant livré avec ardeur aux pratiques de la
« religion et de la charité, il se fit distinguer de
« saint Ouen, évêque de Rouen, qui le nomma
« abbé de *Pentalle*, monastère situé sur le bord
« de la Rille, à peu de distance de Laroque, où
« étaient réunis un grand nombre de moines.
« Ceux-ci avaient espéré que le choix d'un abbé
« tomberait sur l'un d'eux; l'arrivée d'un étranger
« les révolta; ils résolurent sa perte; mais se
« défendant de lui porter eux-mêmes le coup
« mortel, ils se crurent moins criminels en fixant
« perpendiculairement dans son lit une lame
« de fer qui devait le percer d'outre en outre.
« Gerèmer, au retour de ses prières, inspiré par
« un Dieu qui veillait sur ses jours, découvrit
« par hasard l'horrible piège qui le menaçait; il
« retourna à l'église, passa la nuit à gémir sur
« la méchanceté des moines, et, dès que le jour
« les appela au sanctuaire, il se jeta à leurs pieds,
« les pria de l'exempter de tout soin pastoral,
« et après les avoir engagés à choisir parmi eux
« un supérieur pour le remplacer, il obtint,
« pour y aller habiter, une caverne voisine si-

« tuée au-dessus du fleuve de la Seine, et qui
« dépendait des biens du couvent. Il passait là
« les jours et les nuits dans le jeûne et les orai-
« sons, précieux refuge pour un cœur malade.
« La renommée de sa pieuse vie se répandit de
« toutes parts; l'évêque de Rouen, saint Ouen,
« l'envoya supplier de retourner à son abbaye.
« Il allait céder aux instances du prélat : les moines
« le surent; ils vinrent le trouver, et, feignant de
« joindre leurs instances à celles de l'évêque, afin
« de connaître réellement ses véritables inten-
« tions, ils ne le quittèrent que lorsqu'il fut dé-
« cidé à retourner sous peu parmi eux. Le pieux
« solitaire les croyait repentans, et se disposait
« à aller le lendemain féliciter ces brebis égarées
« d'être revenues au troupeau de Dieu, lorsque
« pendant la nuit,..... un crime nouveau vint
« souiller la terre ! Gerèmer, à l'aube du jour,
« fut trouvé absent de sa grotte..... On le chercha
« de toutes parts. Les moines répandirent le bruit
« qu'il était monté au ciel, et des pêcheurs re-
« trouvèrent flottant sur les eaux le froc de la
« victime (1). »

Je finissais de lire cette tragique histoire,
lorsque le temps, devenu serein, nous permit de

(1) Voy. Neustria pria, art. *Pentallum*. — Le Havre ancien et moderne. 2 vol. in-8.

quitter la grotte de l'infortuné saint Béranger. Je tenais fortement mon cheval par la bride, marchant avec toute la précaution que nécessitait un sentier aussi étroit qu'escarpé, où le moindre faux pas de ma monture pouvait nous entraîner à cent pieds plus bas sur la grève; enfin nous arrivâmes à la base du promontoire de Laroque, dont la coupe perpendiculaire, de plus de cent cinquante pieds de haut, n'offrait aux yeux que des assises multipliées de roches horizontales; leur masse blanchâtre ne laissait échapper de ses flancs que le sauvage églantier ou la ronce grimpante. La mer basse bruissait à peine, et le cri rauque du vorace épervier troublait seul le silence de ces lieux sauvages. J'examinais avec effroi des quartiers énormes de rochers qui, détachés des sommets à la suite de quelque gelée, semblaient, en posant sur leurs angles, n'avoir pas encore achevé leur chute, lorsqu'un bruit sourd se faisant entendre mon guide m'annonça l'arrivée de la *barre*, en m'exhortant à gagner rapidement l'entrée du *marais Vernier*; j'y courus avec lui, et peu d'instans après le flot baignait les sables que nous venions de fouler aux pieds.

Nous arrivâmes à mi-côte, au château du Marais-Vernier, propriété du marquis de Mortemar, qui possède en prés et en bois, dans cette commune et les deux ou trois environnantes, près de 50,000 livres de rente. Ce pavillon est bâti sans goût; aucun jardin ne l'embellit, et la vue qu'on en découvre peut seule en rendre le séjour supportable ; aussi le marquis n'y vient-il passer que quelques momens chaque année.

Près du château est une crypte profonde, ancienne carrière abandonnée, dont furent extraites autrefois les pierres de construction des églises du Marais-Vernier, et de Saint-Ouen de Pontaudemer : nous y pénétrâmes, munis de torches, et, après avoir considéré alternativement les amas d'eau séléniteuse formés par les infiltrations supérieures, et ces groupes de stalactites en tuyaux suspendus au-dessus de nos têtes comme l'épée de Damoclès, mon guide me ramena par un chemin différent, et moins fréquenté que celui que nous avions déjà pris. Arrivés à un détour de la caverne, des masses foncées apparurent au-dessus de nous, comme autant de clés de voûte en pierre noire. La curiosité me porta à les examiner de près ; et dans un instant la vivacité de ma lumière fit détacher du groupe des milliers de chauve-souris, qui s'envolant de tous côtés vinrent, en poussant des cris aigus, nous frapper le visage. L'une d'elles se jeta sur ma torche, et l'éteignit ; je criai à mon guide de gagner rapidement les devans pour éviter qu'un accident pareil ne nous laissât errer dans l'ombre, et, suivant sa lumière lointaine, je hâtai mes pas, et retrouvai bientôt le jour.

Nous étions dans le village du Marais-Vernier, dont les maisons éparses, entourées de vergers, tiennent un long espace. Le curé de Berville m'avait donné une lettre pour un des propriétaires intelligens du pays; on m'indiqua sa maison, et je le trouvai cultivant son jardin : « Je remercie M. le curé, me dit-il, de la préférence qu'il m'accorde en vous adressant à moi pour vous faire connaître notre marais : vous n'avez que quelques heures à me donner, mettons le temps à profit. Vous avez sans doute déjà entendu parler, depuis votre arrivée dans ces cantons, de la prodigieuse fertilité de nos courtils (1); je vais vous convaincre que tout ce qu'on a pu dire n'a rien d'exagéré. » En parlant ainsi, il arracha de terre des navets de la grosseur de la jambe, et des carottes à l'avenant: « Les choux que vous voyez, continua-t-il, sont communément du poids de vingt-cinq à trente livres; et dans certaines parties du village, dont le sol a plus de force encore qu'ici, on est venu à bout de faire gagner à M. de Nagu, notre ancien

(1) Nom donné par les habitans à leurs potagers, qui forment environ la douzième partie du marais tout entier. On trouve dans Boiste, *Courtille* jardin.

seigneur, la gageure qu'il avait faite un jour d'envoyer à Paris six choux pesant trois cents livres : l'un d'eux en pesait à lui seul soixante-huit. On accuse nos légumes de perdre en saveur ce qu'ils gagnent en dimension : la pomme de terre seule mérite ce reproche; nos terrains spongieux ne lui conviennent pas, et ces monstrueux tubercules y contractent un goût prononcé de savon.

« L'entretien de nos potagers demande des instrumens en rapport avec la légèreté et le peu de résistance du terrain, et nos *louchets* (1), comme vous le voyez, sont d'une dimension inconnue partout ailleurs. La culture ici, pour être fertile, se fait par chaussées de quinze pieds de largeur, séparées par des fossés de six pieds, dans lesquels s'écoulent avec facilité les eaux du sol.

« Maintenant que je vous ai donné sur notre pays les petits renseignemens dont je me sentais capable, permettez-moi, monsieur, me dit le maraîcher, de vous demander un service : je désirerais qu'à votre arrivée ce soir à Quillebeuf, vous voulussiez bien rappeler au médecin que ma pauvre femme l'attend avec impatience. Sa maladie est une fièvre qui dure depuis plus

---

(1) Espèce de bêche.

de trois mois, et dont les accès ont redoublé aux dernières chaleurs ; c'est l'ennemi qu'il nous faut combattre ici sans cesse ; les remèdes ordinaires nous sont connus, mais la vue de l'homme de l'art console un peu le malade et ravive son espoir. La médecine est presque toujours ici en défaut, je le sais, mais on veut n'avoir rien à se reprocher. — Eh pourquoi, lui dis-je, la science des docteurs serait-elle impuissante dans ce canton ? — Pourquoi ; oh ! me dit-il, regardez-moi, examinez les jeunes filles qui passent près de nous, trouvez-vous sur quelques visages l'empreinte de la force ou de la fraîcheur ?..... L'insalubrité du climat y met obstacle ; il n'existe parmi nous que des santés délabrées, que des teints décolorés : enfans et vieillards, hommes et femmes, tout le monde végète dans ce marais sous la triste influence d'une fièvre endémique ; la chute des feuilles ou les chaleurs de la canicule y moissonnent chaque année de nombreuses victimes, et si la population ne s'augmentait par momens avec une rare facilité, le village du Marais depuis long-temps ne serait qu'un désert.

« Il est aussi peu rare de voir ici des femmes ayant quatre fois convolé dans les bras de nouveaux époux, que des hommes devenus quatre ou cinq fois veufs : aussi les affaires de familles y sont-elles si difficiles à débrouiller, que quelques hommes de loi qu'une longue habitude a mis à même de suivre toutes ces filiations ont fait des intérêts de cette commune leur clientelle exclusive.

« Mais je ne veux pas vous retarder plus long-temps ; voici le chemin que vous avez à suivre pour gagner Quillebeuf. Adieu, monsieur ; *un bon voyage je vous souhaite* (1). »

Et moi, je m'aperçois que ma lettre est déjà bien longue ; je vous donnerai demain la suite de mon voyage.

(1) Locution normande.

LETTRE XVII.

Nouveaux détails sur le marais Vernier. — Desséchemens. — La Grand'mare.— Édit de Henri IV.— Anciens seigneurs du marais.— Quillebeuf.— Henriqueville.— Concini. — Conjuration de Latruaumond. — Dix-sept personnes victimes de leur imprudence.

Les immenses prairies que l'on traverse en sortant du village du *Marais* pour se rendre à Quillebeuf méritent l'attention du voyageur : je vais entrer dans quelques détails.

Le *marais Vernier*, situé dans le département de l'Eure, entre *Quillebeuf* et la pointe de *Laroque*, sur la rive gauche de la Seine, et à trois lieues de son embouchure, est un terrain très-extraordinaire, en forme de fer à cheval (1), terminé vers le nord par la Seine, et enfermé à l'ouest, au midi et à l'est, par une ceinture de montagnes ayant environ, dans leur plus grande hauteur, 230 pieds d'élévation, et sur lesquelles

(1) Ce terrain a 2,600 toises de longueur sur 2,500 de largeur, terme moyen ; ce qui donne, pour la surface totale, 2,470 hectares.

sont situés les villages de *Laroque, Bouquelon, Saint-Thurien, Sainte-Opportune, Saint-Ouen-des-Champs* et *Saint-Aubin*.

En ce lieu était jadis une forêt à l'existence de laquelle il est difficile de fixer une époque; mais on ne peut douter de ce fait, puisque, en creusant des fossés, on a trouvé des arbres entiers parmi lesquels on distinguait des chênes et des aunes, dont la position en différens sens et à diverses profondeurs offrait la preuve d'un bouleversement considérable.

On a tenté à plusieurs reprises de dessécher ces marécages; mais, indépendamment du moteur incalculable qu'il faudrait employer, il serait encore nécessaire de se servir de machines pour l'épuisement des eaux pluviales et des sources nombreuses qui coulent au pied de tous les coteaux. Un des effets des marées a été d'élever sensiblement le terrain du côté de la rivière, de sorte que la partie qui en est la plus éloignée est aussi la plus enfoncée de tout le bassin, et que l'eau dont elle est baignée pendant plusieurs mois de l'année ne s'écoule vers la rivière que lorsqu'elle s'élève au-dessus de son niveau ordinaire. Il existe bien un canal d'écoulement, mais il est souvent obstrué (1). Il y a, dans cette

---

(1) Notes tirées en partie, 1° d'un rapport manuscrit fait par

partie basse, un lac connu sous le nom de la *Grand'mare*, qui ne se dessèche jamais; ce lac fertile en poissons, et presque toujours couvert de nuées d'oiseaux d'eau, est à peu près la vingtième partie de la superficie entière du marais.

Henri IV, devenu paisible possesseur de son trône, songea à rendre à la culture toutes les terres marécageuses de France : « Pour à quoi « parvenir, dit-il dans son édit de 1607, ne s'é- « tant trouvé aucun de nos sujets qui nous en « ait fait offre, soit à raison des grandes diffi- « cultés, risques et dépenses, ou autrement, « nous avons mandé et fait venir des Pays-Bas le « sieur *Humphroy-Bradley*, gentilhomme du « pays de Brabant, natif de Berg-sur-le-Zoom, « notre *maître des digues*, personnage fort expé- « rimenté et entendu aux dessèchemens. »

Parmi les associés de Bradley figuraient dans l'édit *Jérôme de Coman*, maître-d'hôtel ordinaire du roi, *François de la Planche*, gentilhomme flamand, et *Jérôme de Vanhuffe*, gentilhomme du Brabant.

Formés en société protégée par le souverain,

M. Rever de Conteville, adressé le 17 ventôse an XII au préfet du département de l'Eure, alors M. Masson de St..Amand ; 2º d'un Rapport manuscrit adressé par M. Rever au sous-préfet de Pontaudemer le 23 octobre 1808.

ces étrangers commencèrent d'immenses travaux sur différens points de la France; des ateliers d'ouvriers furent établis dans le *marais Vernier*; le terrain y fut sondé de place en place; on creusa à cet effet des espèces de puits d'environ 8 pieds de diamètre et d'une profondeur indéterminée. Ces excavations, qui existent encore, et que les habitans appellent des *abîmes*, une digue considérable, et une construction qui subsiste en ce moment, connues sous le nom de *Digue* et *Maison des Hollandais*, sont les seuls restes de cette entreprise qui paraît avoir été abandonnée à plusieurs reprises, disent les édits d'alors, par suite « des traversées, procès, oppo-« sitions et autres procédures. »

Le roi Henri IV engagea ces étrangers à reprendre leurs travaux, en leur accordant des exemptions d'impôts et de nombreux privilèges; il alla même jusqu'à dire que, « pour donner « plus de courage auxdits entrepreneurs de con-« tinuer leurs desseins, il honorait du titre de « noblesse douze d'entre eux, choisissant ceux « qui, ne l'étant point par la naissance, seraient « jugés par leur mérite avoir le plus contribué « à la perfection desdits ouvrages. »

Rien ne put les engager à surmonter les dégoûts dont on les avait abreuvés dans le pays; les travaux ne furent jamais continués. Des actes de l'an 1620 portent cependant que Bradley voulut encore prendre quelques arrangemens avec messire François de la *Luthumière* (originaire de Valogne), seigneur châtelain et patron du marais Vernier; mais ce maître des digues de la France cessa d'exister en 1639.

Un habitant de la commune de Boulleville (1), M. *Laniel*, a dressé récemment un plan du marais Vernier, qu'il se propose, dit-on, de présenter au gouvernement, en même temps qu'un projet de desséchement, auquel il travaille depuis plusieurs années. Le zèle qu'il a mis à cette entreprise, aux risques des maladies les plus graves, mérite d'être couronné du succès.

Plusieurs personnes ont essayé d'extraire ici de la tourbe, mais les frais de transport ont toujours paru devoir absorber l'économie du combustible, et les travaux commencés ont été abandonnés : cependant, en 1825, un nouvel entrepreneur s'est présenté; trois cents ouvriers, venus en partie de la Picardie, ont travaillé sous ses ordres, pendant plusieurs mois, à extraire de la tourbe, dans le voisinage du lac de la *Grand'marre*, au-dessous du château de Saint-Thurien. Les excavations ont mis à jour un grand

---

(1) *Boulleville* est une commune voisine sur la route de Pontaudemer à Honfleur.

nombre de troncs d'aunes pourris, des poutres en chêne équarri, fort bien conservées, et des massifs de fondations d'une épaisseur considérable, dont la dureté était telle, que les outils s'émoussaient dessus. Le travail s'est opéré de manière à donner des espérances de produit ; des manufactures voisines ont fait des commandes de combustible, et tout, jusqu'à présent, semble annoncer des résultats avantageux à l'entrepreneur, M. Boquet.— Mais cette opération, dira-t-on, diminue la masse des terrains cultivables. Cela peut être, mais il est bien plus probable qu'elle assainira une grande partie du sol, en procurant aux eaux des écoulemens faciles et en donnant par conséquent aux terres voisines une augmentation de valeur.

Les terrains communaux qui appartiennent aux habitans du village du marais Vernier ont été pendant long-temps la matière de nombreuses contestations entre eux et les anciens seigneurs. Un des premiers dont les actes fassent mention, en 1490, se nommait Jean de *Longchamp ;* beaucoup plus tard, en 1620, c'était un François de *la Luthumière ;* en 1660, c'était *messire Henri de Matignon* (1), *comte de Thorigny ;* et vers la fin

---

(1) De la famille du maréchal de ce nom, qui possédait le château et la terre de Lonrei, près d'Alençon.

du dix-huitième siècle, le seigneur et patron du marais Vernier était *Charles Gabriel, marquis de Nagu et de la Meilleraye*, brigadier des armées du roi, dont on voit aujourd'hui le portrait dans un des salons du château de la Meilleraye : c'est par suite de leur alliance avec la famille de Nagu, que les Mortemar possèdent ici les vastes propriétés dont j'ai parlé dans la lettre précédente.

Après avoir traversé ces immenses pâturages, où le calme profond n'est troublé que par le beuglement des taureaux, j'arrivai à Quillebeuf, où mon brave marin m'attendait avec impatience. Il avait près de lui, lorsque j'entrai, sa femme et sa fille ; et certes il ne pouvait mieux faire pour me donner du sexe quillebois une idée avantageuse. La bonne tenue de la mère, la taille élancée, le minois piquant et la coiffure aussi singulière qu'élégante de sa fille, me frappèrent tout d'abord.

Ce ne sont plus ici des bonnets en pyramide de deux pieds de haut, comme dans le Lieuvin, c'est une coiffe peu élevée au-dessus de la tête, et légèrement inclinée en arrière, sur laquelle se trouve jetée, plutôt que fixée, une blanche mousseline, bordée de dentelles flottantes.

Lorsque j'eus satisfait à toutes les questions sur mon voyage, on se mit à table : je fis honneur au repas. On se retira de bonne heure, et le lendemain matin je parcourais la ville avec le capitaine, que je laisse parler.

« Quillebeuf, me dit-il, est la capitale du *Roumois*, qui est une des anciennes subdivisions de la haute Normandie. Ce petit pays, situé entre la Seine et l'embouchure de la Rille, et borné par la campagne du Neubourg, compte parmi ses villes principales Brionne, Elbeuf et la Bouille. Notre port, placé à l'extrémité septentrionale du département de l'Eure, dont il fait partie et dont il est le seul fleuron maritime, n'est autre chose qu'un rocher long et étroit, entrecoupé de rues inclinées et mal bâties. La population n'excède pas quinze cents habitans ; les femmes fabriquent de la dentelle, les hommes sont pêcheurs ou pilotes. Placés par la nature dans une péninsule éloignée de tout village important, ils contractent presque toujours leurs alliances entre familles du pays ; chaque décès est la cause d'un deuil général, tout mariage ou baptême est une fête publique. Les femmes, à peu d'exceptions près, sont grandes, belles, agiles ; et si l'abord et l'extérieur des Quillebois est un peu rude, comme celui de tous les gens du rivage, le fonds en est secourable, généreux et dévoué.

« C'est au roi béarnais que Quillebeuf doit aujourd'hui sa petite existence ; jusqu'à lui, ce n'était qu'un hameau de pauvres pêcheurs végétant sur un rocher aride.

« Henri IV, dans l'intention d'y construire une place de sûreté en Normandie, fit fortifier la ville, l'augmenta, accorda quelques privilèges capables d'attirer la population ; et se flattant qu'il serait plus heureux que François Ier au Havre, il donna au village de Quillebeuf le nom de *Henriqueville* : mais sa volonté ne lui survécut point, et l'histoire seule a conservé le souvenir d'un changement que la force des anciens usages a fait abandonner.

« Henri regardait Quillebeuf comme une des clés de la Normandie : Roger de Bellegarde était son ami avant d'être son rival près de Gabrielle ; c'est à lui qu'il en confia le commandement. Les troupes du duc de Mayenne se présentèrent, et, honteusement battues, elles furent forcées à une prompte retraite.

« Le mariage de Henri IV avec Marie de Médicis avait introduit en France plusieurs Italiens qui possédaient la confiance de la reine : de ce nombre était Léonore Galigaï (fille de sa nourrice), qu'elle avait unie à *Concini*, issu d'un notaire de Florence. D'abord simple gentilhomme de la reine, il s'éleva par le crédit de sa femme à la plus haute faveur, et finit par devenir, dit Voltaire, *premier ministre sans connaître les lois du royaume, et maréchal de France sans avoir jamais tiré l'épée.*

« Il fut nommé gouverneur de la Normandie. Chaque jour amoncelait sur sa tête des orages nouveaux que son orgueil et son audace excitaient à la ville et à la cour. Il prévit sa disgrace, forma le projet de se déclarer indépendant dans son gouvernement, fit fortifier Quillebœuf malgré les défenses qui lui furent signifiées, et il songeait à éclater, lorsque Louis XIII, indigné de tant d'audace, le fit assassiner, au Louvre, par Lhopital-Vitry, capitaine de ses gardes (1). La postérité redira que Concini fut un grand coupable; mais elle s'indignera que le souverain surnommé *le Juste* se soit vengé par l'assassinat, d'un crime que les lois seules eussent dû punir.

« Il y a encore près de la ville, au sud-ouest, une espèce de tranchée étroite, que l'on nomme le trou du *marquis d'Ancre*. C'était, dit-on, le commencement d'un canal qu'il avait entrepris, et qui aurait considérablement abrégé la navigation de la Seine, en coupant le cap à l'extrémité duquel Quillebœuf est situé, depuis la grande lagune qui le borde à l'ouest, jusqu'au-dessous d'Aizier.

« Un demi-siècle plus tard (2), Quillebœuf fut

(1) 24 avril 1617.
(2) 1674.

sur le point de devenir la proie des Hollandais, avec qui nous étions en guerre : le fait mérite d'être rapporté. — Un gentilhomme normand, nommé *Latruaumond*, né à Rouen d'un auditeur des comptes, était depuis long-temps perdu de dettes et de débauches; quelques mécontens de la cour, profitant de sa position désespérée, lui inspirèrent le projet de tramer une conspiration contre Louis XIV. Le duc de Rohan, fils du duc de Mombazon, fit partie des conjurés, parmi lesquels on remarquait encore un chevalier de Préau, une marquise de Belleau, et un maître d'école nommé Van-der-Ende. Leur but était de livrer la ville de Quillebeuf aux Hollandais, pour les introduire de là dans toute la Normandie ; mais la trame fut découverte : Latruaumond se sauva dans son château de Cracouville, près d'Evreux On vint pour l'y arrêter; il se réfugia dans les greniers, voulut s'y défendre, et y périt victime d'une inutile résistance. Les autres conjurés furent décapités à la Bastille, à l'exception de Van-der-Ende, qui fut pendu; et l'on prétend que le bourreau, fier d'avoir tranché la tête d'un prince, d'une marquise et d'un chevalier, dit à ses valets, en leur montrant le maître d'école : « Vous autres, pendez celui-là. »

Après avoir ainsi parlé, le capitaine me conduisit dans le haut de la ville; il me montra en mer le bateau de service faisant, une fois par jour, pour les passagers, à l'heure de la marée, le trajet entre Quillebeuf et le Menil-sous-Lille-Bonne, me nomma les promontoires du pays de Caux connus sous le nom de pointe ou *nez de Tancarville* et de pointe du *Hode*; me fit admirer le coup d'œil général; puis, redescendant sur les quais, « La plupart des navires que vous voyez, me dit-il, font la navigation de la Seine : presque tous sont forcés de poser à Quillebeuf; de sorte que ce port est devenu d'une véritable importance. En montant la rivière, si les navires ont vent et marée favorables, ils peuvent se dispenser de poser ici; alors ils gagnent Villequier d'une seule marée. Mais en descendant il n'en est pas ainsi; forcés de passer la traverse d'Aizier à la pleine mer, ou même un peu plus tard, ils n'arrivent à Quillebeuf qu'à mer basse, et doivent nécessairement s'y arrêter, et y séjourner plus ou moins long-temps; on a vu là quelquefois plus de cent bâtimens réunis (1). Mais l'heure s'avance, continua mon marin, la *barre* ne doit pas tarder à arriver. Le vent augmente de moment en moment, attendons au pied du phare,

(1) **Extrait d'un Mémoire de M. de Lescaille**, ingénieur en chef du département de l'Eure, *sur la nature des travaux à entreprendre afin d'éviter les difficultés et faire cesser les dangers qu'éprouve la navigation de la Seine*, etc.

et nous y jouirons, en pleine sécurité, d'un imposant spectacle. »

A ces derniers mots du capitaine, une ligne blanchâtre sur le cours du fleuve, qui ne se dévoilait dans le lointain qu'à des yeux exercés, fit partir de plusieurs bouches à la fois le cri de *voilà la barre* (1)! Tout à coup le flot se grossit, une écume azurée, de plusieurs pieds de haut, se déroule avec rapidité sur la largeur de la Seine; sa vitesse et sa hauteur s'augmentent par l'impétuosité du vent; la montagne humide n'est plus qu'à quelques pieds des jetées : l'éclair est moins rapide; elle se précipite avec furie; vingt pieds de vide, au-dessous de nous, sont à l'instant envahis. Il semble dès lors que les eaux de la Manche ont atteint le but où elles aspiraient..... : tout se calme, et la Seine a été refoulée au loin, pour faire place à l'Océan. Mais bientôt à son tour elle veut ressaisir ses droits : une lutte s'engage; les vagues, qui se repoussent de toutes parts, semblent former une barre nouvelle : de chaque lame jaillit une poussière écumeuse; enfin les flots s'apaisent,

---

(1) La *Barre* se fait sentir jusqu'au Pontdelarche, à 36 lieues du Havre. Elle met 7 heures et 15 minutes à parcourir l'espace qui sépare le Havre de Rouen, par une vitesse moyenne de 4 lieues à l'heure. (Voyez l'ouvrage intitulé Rouen, Dieppe, le Havre en 1827.)

le calme renaît; les navires du Havre et de Honfleur arrivent à toutes voiles sur le dos de la plaine liquide, et nous nous retirons pénétrés de la majesté du spectacle qui s'est offert à nos yeux.

« Le lit de la Seine est, comme vous venez de voir, fort resserré ici, me dit mon guide; aussi la barre, sans être toujours aussi forte qu'aujourd'hui, est-elle souvent dangereuse; et malheur aux bâtimens légers qu'elle surprend dans le moment de son invasion. Les étrangers qui viennent ici pour faire quelques courses sur l'eau n'écoutent pas toujours les conseils que nous leur donnons; ils traitent de pusillanimité la prudence consommée de nos pilotes; ils veulent, à tout prix, et sans égard aux heures, entreprendre des promenades en mer. Voici ce qui arriva ici l'an dernier : puisse ce funeste événement servir d'éternel exemple !

« Deux familles nombreuses s'étaient réunies à Quillebeuf pour célébrer un mariage. Le repas terminé, on proposa d'aller en mer se promener sur les bancs, et assister à la pêche: l'idée paraît charmante; des canots sont frètés; le temps est beau; la mer est calme, et le flot ne doit arriver que fort tard. On s'embarque; la gaieté anime tout le monde; on aborde sur les sables, on y danse des rondes, et l'heure de la retraite est oubliée. En vain, à diverses reprises, les patrons ont rappelé leurs passagers, les cris de la joie couvrent ceux de la prudence. Cependant les instances se renouvellent, on s'embarque; il était trop tard!..... Des nuages menaçans traversent l'air, la foudre gronde, le vent devient contraire; sur le point d'entrer au port, ils sont rejetés au loin; l'heure s'écoule; le flot, plus terrible que jamais, arrive gonflé par les vents; la mort plane sur toutes les têtes; les jeunes époux se tiennent embrassés; les mères jettent d'horribles cris..... Tout vient de disparaître à jamais!..... Ainsi passèrent du banquet de la joie au terme de la vie deux familles dont personne ne reparut. Huit jours s'écoulèrent, et trois cadavres en lambeaux, rejetés sur les bords du fleuve, furent les seuls et infortunés restes de dix-sept victimes. »

Ici mon guide termina ses détails. Je passai dans son aimable famille le reste de ma journée, et le lendemain matin je pris congé de mes hôtes pour retourner à la Pommeraye.

LETTRE XVIII.

Navigation à bord du St.-Pierre de Berville. — Instruction et probité de deux Bervillais.— Abbaye de Pentalle.— Le bienheureux saint Samson.— Judual et Canao.— Magie de la reine Ultrogothe.— Louis XI au bac de Saint-Samson. — Foullebec. — Conteville. — Hellouin et la belle Arlette. — Thiroux de Mauregard.

Il est quelques Normands qui ne sont jamais sortis de leur pays; qui sont peu entreprenans, ont pris en aversion les découvertes nouvelles, font rarement des essais, se refusent à goûter des mets pour peu que le nom leur en soit inconnu; qui entreprennent peu de voyages, si ce n'est par des routes bien tracées, et se croiraient perdus si on les obligeait de traverser la Seine à Quillebeuf dans une barque de pêcheur : mille histoires sinistres sont les pièces à l'appui de leur timidité, qu'ils sont heureux de pouvoir décorer du nom de *prudence*.

C'est tout-à-fait dans ce sens que me parla un brave habitant des environs de Quillebeuf, qui était venu passer quelques jours chez mon hôte, lorsque je témoignai le désir de remonter la Seine dans une embarcation jusqu'à l'embouchure de la Rille. « Comment, monsieur, s'écria-t-il, avez-vous déjà oublié la tragique histoire qui nous fut racontée hier? quelle témérité est la vôtre? — Rien de téméraire dans mon projet, lui dis-je; je veux m'éviter une route déjà connue, et sous la conduite d'un marin sage, qui chaque jour étudie ces rives, faire en une heure un trajet qui, par terre, m'en a demandé quatre; voilà toute mon audace. » L'ami de mon hôte branla la tête; et, frappant à plusieurs reprises la terre de sa canne, il s'écria qu'il aimait un plancher solide. Le capitaine m'emmena en souriant de manière à me dénoncer que j'avais affaire à un incurable, et quelques instans après je naviguais à bord du *Saint-Pierre* de Berville, du port de quatre tonneaux et de deux hommes d'équipage, dont je veux citer les noms pour cause. C'étaient *Pierre Housset*, dit *Perrin*, et *Pierre Gilles*, dit *Gillot*. J'examinai avec un plaisir extrême ces côtes charmantes qui tour à tour me présentaient les donjons de Lillebonne, le clocher du Ménil, où se voit une fabrique d'impressions sur indiennes, l'embouchure de cette rivière de Bolbec qui fait mouvoir tant de riches usines, le château de *Saint-Jean de Folleville*, dont la vue, me dit-on, peut être comparée à l'aspect si vanté du Landin (1); les magnifiques ruines du château de Tancarville, et ce moulin que j'ai déjà mentionné dans une lettre précédente comme ayant excité une sanglante querelle entre les anciens seigneurs de Tancarville et de Lillebonne. Bientôt nous dépassâmes la pointe de Laroque. « Quelle est cette flèche ardoisée que je découvre dans la plaine?—Monsieur, me dit Perrin, c'est *Conteville*, possédé dans les temps reculés par ce comte Hellouin dont monsieur votre père a parlé dans ses *Essais historiques* (2).» Croyant avoir mal entendu, je m'abstenais de répondre. « Oh! continua-t-il, je les ai lus en entier. Ils me viennent de la vente de feu M. le curé de Berville : c'était une histoire de notre pays écrite par quelqu'un qui l'habite depuis long-temps; je l'ai lue, et une partie du village l'a lue après moi, il y a déjà plus d'un an, et j'en aurais cependant la mémoire encore assez présente pour répondre à toutes les questions que vous pourriez me faire. »

Je ne revenais point de mon étonnement;

―――

(1) Le *Landin*, près de Bourgachard, a appartenu à M. de Boismont, qui fut abbé de Grestain (lettre XXV). C'est aujourd'hui la propriété de M. le marquis de Ste.-Marie, sous-préfet de Pontaudemer.

(2) Essais historiques sur le comté d'Évreux. — Masson de St.-Amand.

Comment! me disais-je, un pêcheur père de famille, qui, dans le but de la soutenir, nuit et jour sillonne les mers où il tend et relève ses filets; qui, rentré sous le chaume de son modeste réduit, est obligé de mettre en état les agrès qui doivent lui servir le lendemain; cet homme trouve encore le moyen de dérober à son repos le temps de lire avec fruit! Allez, déclamateurs du jour, malgré vous la *lumière perce le boisseau* : l'instruction est en marche, rien ne pourra l'arrêter.

Bientôt nous abordâmes. Le marin Gilles, grand et vigoureux gaillard, m'emporta lestement sur son dos pour franchir la vase amoncelée sur le rivage. « Tenez, lui dis-je en payant mon passage, vous êtes de braves gens; buvez amplement à ma santé. — Non, monsieur, me dit Gilles d'un air grave, c'est trop; nous ne pouvons l'accepter. » En vain j'insistai : il fallut retrancher de la somme, et je m'éloignai pénétré d'admiration pour le savoir et le désintéressement de mes deux Bervillais.

J'étais sur la rive droite de la Rille : je passai devant le banc du Nord et le bac du Magasin; et, pour changer de route, je suivis la Rille en amont jusqu'au bac de *Saint-Samson*. La marée allait monter; le passage eût été dangereux dans ce moment : il fallut attendre. Je profitai de ce retard pour examiner, à peu de distance de là, les ruines de l'abbaye de *Pentalle.*

Un seul pan de muraille y subsiste encore; mais il suffit pour rappeler que saint Samson en avait jeté les fondemens au sixième siècle, afin, disent les légendes, de perpétuer le souvenir du miracle qu'il avait opéré dans le pays en le délivrant, par ses prières, d'un horrible serpent qui le ravageait.

Saint Samson (1), issu de parens distingués de la Grande-Bretagne, naquit, selon quelques-uns, au pays de Galles, vers la fin du cinquième siècle. Il se réfugia en France lors de l'invasion des Anglo-Saxons, s'acquit l'amitié du roi Childebert, et fut promu, sur sa recommandation, à l'évêché de Dol en Bretagne, province gouvernée alors par un roi nommé Judual. Ce trône fut usurpé peu de temps après par Canao, comte de Nantes. Judual se réfugia à la cour de Childebert, et lui demanda son appui : saint Samson vint à son tour solliciter le roi de France de renvoyer ce jeune prince en Bretagne en lui confiant une armée; mais la vue de l'illustre exilé avait inspiré un tout autre intérêt à la reine Ultro-

---

(1) Saint Samson, selon d'autres historiens, était né près de Vannes en Bretagne, de parens illustres et riches, l'an 495. Il mourut en 607, âgé de 112 ans. Voir l'*Histoire de Bretagne*, de Daru, tome I, page 153.

gothe, femme de Childebert. Désespérée du départ prochain que le pieux évêque sollicitait si vivement, elle ne trouva pas de meilleur moyen, pour rompre cette négociation, que de chercher à se débarrasser du négociateur. Elle lui fit présenter du poison à la table même du roi. Samson, avant de prendre la coupe, l'ayant bénie d'un signe de croix, le vase se rompit en morceaux, le poison fut répandu, et la main de l'officier qui le présentait se trouva à l'instant couverte d'ulcères; mais le saint eut la bonté de la guérir par un signe de croix.

« Ultrogothe (qui était dit-on un grande ma-
« gicienne), ne se tint pas pour battue; elle fit
« apparaître un lion énorme qui vint barrer le
« passage au voyageur, mais qui s'écarta avec
« respect dès que le saint eut prononcé le nom
« de Notre Seigneur.

« Tous ces miracles, *signes évidens* de la
« sainteté de l'évêque breton, charmaient le roi
« sans lui donner le moindre soupçon sur l'in-
« fidélité de la reine. Il déclara au bon évêque
« qu'il allait faire partir Judual avec les forces
« nécessaires pour reconquérir ses états, ne
« demandant à Samson qu'une grace, celle de
« dire une messe avant son départ afin que toute
« la cour pût y assister. La reine ne sut pas
« dissimuler son dépit, elle tourne le dos à l'au-

« tel pendant le sacrifice, mais au moment où
« le prêtre prononça l'*agnus Dei*, elle sentit
« ses yeux se gonfler, crever, sortir de sa tête;
« le sang jaillit à longs flots, et elle expira avant
« que la messe fût achevée (1). » Si Canao l'emporta sur Judual, ce n'est point ici notre affaire; mais, ce qui est certain, c'est que saint Samson ne voulut plus retourner à son diocèse, poursuivi, dit-on, par de violens chagrins, dont on ignore la source. Le roi lui fit alors présent du territoire qui avoisine l'embouchure de la Rille, et c'est là qu'il vint bâtir l'abbaye de *Pentalle*, ainsi qu'une église, qui par la suite fut appelée de son nom et lui fut consacrée. Plusieurs familles de la campagne s'établirent insensiblement non loin de ce sanctuaire, et c'est ainsi que se forma peu à peu le village de Saint-Samson.

De nombreuses ruines de cette église subsistent encore, des pierres tumulaires s'y distinguent sous les pas; j'ai remarqué l'épitaphe suivante :

Quod es fui, quod sum eris, precor te, ora pro me peccatore ad Dominum patrem nostrum (2).

Passant, j'ai vécu comme toi,
Ce que je suis à ton tour tu dois l'être,

---

(1) Voyez *Acta sanctorum.*— Vie des Saints de Bretagne.— Histoire de Bretagne, de Daru.

(2) Voyage des élèves de l'Ecole centrale de l'Eure, par M. R...

Pauvre pêcheur, daigne implorer pour moi,
Dieu notre père et notre maître.

Je me trouvai bientôt sur les bords de la Rille, qui fut au moment, sous le règne de François Ier, d'acquérir une réputation que n'obtiennent que les grands fleuves. Claude d'*Annebaut*, amiral de France, avait eu le projet de la rendre navigable jusqu'au pied de son habitation, située à Annebaut, près de Montfort; mais la mort surprit l'amiral, et son projet périt avec lui.

Je passai la rivière dans un bac : c'était le seul moyen de communication, au quinzième siècle, entre Pontaudemer et Honfleur. « Là, disent d'an-
« ciens manuscrits, les échevins du Pontaudemer
« vinrent présenter à Louis XI le vin clairet, lors-
« qu'il revenait de Honfleur (1), où il avait été
« pour s'opposer au débarquement des An-
« glais. »

Le bac me descendit sur la rive gauche de la Rille, au village de *Foullebec*, petit port où l'on vient charger des bois et du cidre ; puis j'arrivai sur la commune de Conteville, qui, dans le onzième siècle, était le chef-lieu d'un comté dont le ressort, selon les probabilités, s'étendait au-delà des communes de Berville-sur-mer et de Carbec. Le premier possesseur de ce comté

---

(1) Le 31 juin 1475.

était alors un seigneur normand, vaillant chevalier nommé *Hellouin*, qui, ayant connu à Falaise ou à la cour, *Arlette*, l'ancienne maîtresse du feu duc Robert-le-Diable, mère de Guillaume-le-Bâtard, en devint amoureux et l'épousa (1).

Arlette, devenue comtesse de Conteville, mit au monde deux fils, Odon et Robert, qu'elle élevait près d'elle avec soin, dans le calme de la retraite, lorsqu'une maladie survenue à son époux troubla le bonheur dont ils jouissaient. Hellouin, depuis quelque temps, était tourmenté d'irritations cutanées qui s'augmentaient chaque jour. Fidèle aux mœurs de l'époque, il avait déjà vainement consulté tous les empiriques du voisinage; de plus en plus tourmenté de la gravité de son mal, la Vierge lui apparut en songe et lui ordonna, s'il désirait totalement se guérir, d'élever un monastère dans le voisinage, à un endroit qu'elle lui indiqua, et dont j'aurai occasion de vous parler dans une de mes prochaines lettres : il le fit, et recouvra heureusement la santé. Disposé dès lors de corps et d'esprit à remplir avec une scrupuleuse exactitude ses pratiques religieuses, il partageait son temps entre son Dieu, sa famille et ses vassaux, lors-

(1) Vers 1035 ou 1036.

que Guillaume-le-Bâtard, son beau-fils, ayant formé ses projets de conquête, appela sous ses drapeaux toute la noblesse de Normandie.

Le pieux Hellouin, persuadé que la véritable religion approuvait tout ce que le souverain pontife avait sanctionné, s'enrôla avec enthousiasme sous l'étendard sacré, envoyé par le pape Alexandre II au duc des Normands, il aborda avec lui sur les rivages d'Angleterre, accompagné de ses deux fils, Odon, évêque de Bayeux, et Robert, comte de Mortain, frères utérins du conquérant.

Sans cesse près de Guillaume, dont il possédait la confiance, il fut comblé par lui de biens et de faveurs. Mais l'ardeur de la gloire et des richesses finit quelquefois par s'éteindre; rassasié d'honneurs et de fortune, Hellouin, qui commençait à prendre des années, songea à retourner en Normandie près d'Arlette, dont l'absence lui paraissait chaque jour plus pénible; il s'embarqua, et revint à Conteville.

Quelques années s'étaient écoulées; Guillaume, de retour à Rouen pour visiter son duché, appela près de lui le comte Hellouin, dont il aimait les sages avis.

Sur ces entrefaites, une raillerie du roi de France sur l'embonpoint du monarque anglais fut le signal d'une guerre. Guillaume avait juré qu'il allait saccager Paris. Indigné de la résistance que lui opposait la ville de Mantes, il s'y précipita lui-même à la tête de ses troupes, et s'y échauffa tellement, que dès le lendemain une grave maladie se déclara; on le ramena dans un monastère à la porte de Rouen, et il y expira peu de jours après.

« Le corps du roi demeura abandonné pen-
« dant plusieurs heures; enfin des clercs et des
« moines arrangèrent une procession; les fils
« du roi, ses frères, tous ses parens, s'étaient
« éloignés, pas un ne s'offrit pour avoir soin
« des obsèques, et ce fut un simple chevalier,
« nommé Hellouin (*tout porte à croire que c'é-*
« *tait le seigneur de Conteville*), qui prit sur
« lui la peine et la dépense. Il fit venir à ses
« frais des ensevelisseurs et un chariot, trans-
« porta le cadavre jusqu'au bord de la Seine, et
« de là sur une barque par la rivière, et par mer
« jusqu'à la ville de Caen (1). »

Le comte Hellouin, dont ce trait fait l'éloge, était alors âgé de soixante-dix-sept ans. On présume qu'il mourut l'année suivante (2) : il fut enterré dans le monastère qu'il avait fait construire à Grestain, où Arlette, qui ne lui survé-

(1) Histoire de la conquête des Normands.— THIERRY.
(2) Voyez NEUSTRIA PIA, art. *Grestanum*, pour cette page et les suivantes.

cut que peu d'années, fut inhumée dans le même tombeau.

Voici, d'après les documens les plus probables où j'ai puisé, comment je pense que peuvent se classer les principaux événemens de la vie du comte de Conteville.

Il épousa Arlette après la mort du duc Robert, en 1035; il est à croire qu'Hellouin avait au moins alors vingt-cinq ans. Il suivit Guillaume à la conquête en 1066; il aurait donc eu alors cinquante-six ans. Il existait encore à la mort du conquérant, qui arriva en 1087; il avait donc à cette époque soixante-dix-sept ans.

Mais quelques auteurs prétendent que la maladie de peau dont il se délivra par un fondation pieuse avait pris son origine dans les croisades : or on sait que la première croisade n'eut lieu qu'en 1095. Hellouin aurait eu alors quatre-vingt-cinq ans; il est rare qu'à cet âge on quitte ses foyers pour aller courir les hasards, et d'ailleurs des actes anciens font foi de la fondation de l'abbaye de Grestain en 1040. Il y a donc erreur de la part de ceux qui ont écrit ce fait, et voici, je crois, l'ordre chronologique selon lequel on pourrait établir la vie du comte Hellouin.

Il naquit vers 1010; se maria vers 1035; fonda Grestain en 1040; alla en Angleterre en

1066; en revint en 1068; fit enterrer Guillaume-le-Conquérant en 1087; et mourut vers 1088.

Ce dernier fait paraît probable, puisque son fils Robert, comte de Mortain, qui déjà lui avait succédé dans le comté de Conteville, mourut lui-même en 1090.

Le bourg de Conteville a présenté pendant de longues années des restes du vieux manoir d'Hellouin, entourés de fossés et de retranchemens qui subsistaient encore en 1778, époque où ils furent aplanis et compris dans le verger qui fut alors enclos et attaché au presbytère. Ces retranchemens, d'environ vingt-cinq pieds de haut, étaient connus dans la commune sous le nom de *monts de Conteville*. Des anciens du pays les ont vus, et peuvent encore indiquer que les donjons de l'époux d'Arlette s'élevaient au sud et fort près de l'église actuelle. Sans pouvoir préciser comment ce domaine passa, plus tard, dans les mains de Richard Cœur-de-Lion, on sait seulement, par un acte dont il existe encore une copie, que Richard (1) l'échangea avec les moines de Jumièges, contre le domaine du Pont-de-l'Arche, et que François de Harlay, archevêque de Paris, sous Louis XIV, et abbé de Jumièges, fit à son tour échange de la seigneurie

---

(1) L'an 1194, le 18 janvier.

de Conteville (1), que possédait l'abbaye, contre la seigneurie du Loadin près de Bourg-Achard, avec M. Pierre *Cousin*, receveur des finances à Rouen.

M. Cousin, prévoyant qu'il serait possible de former un domaine considérable en réunissant une foule de petites propriétés du vaste marais de Conteville que les fréquentes inondations du flux et reflux rendaient presque entièrement stérile, conçut le projet d'élever sur la rive gauche de la Seine, en cet endroit, une forte digue capable de résister aux coups de mer. Il présenta ses plans au gouvernement : on les approuva. Des experts furent nommés pour estimer quelles propriétés M. Cousin avait besoin d'acquérir, d'après ses vues, et à quel prix chacune devait être portée.

Ce fut par ce moyen qu'il s'arrondit et forma un domaine de 500 acres ou 343 hectares de terre tout d'un tenant, dont les produits devinrent considérables, et dont la qualité fut si renommée, que chaque sac de blé valait toujours de 3 à 4 francs de plus que le meilleur des autres cantons.

Les travaux de M. Cousin pour la construction de la digue et l'alignement du cours de la

---

(1) L'an 1685, le 20 février.

Rille furent immenses, et coûtèrent des sommes incalculables. Sa fortune, qui se dérangea, l'obligea à vendre sa terre; elle fut achetée, le 26 novembre 1719, par un M. *Morin*, financier, que le système de Law avait fort enrichi. Conteville resta dans ses mains jusqu'en 1775, que le propriétaire, dégoûté des dépenses que lui coûtait l'entretien de la digue, vendit la terre à M. *Thiroux de Mauregard*, fermier-général des postes, qui obtint du gouvernement, pour l'élargissement et la réparation d'une route de Pontaudemer à Conteville, l'application d'une partie des fonds connus alors sous le nom d'ateliers de charité (1).

Son fils, le colonel *Thiroux de Médavi*, vendit son patrimoine. Plusieurs personnes du pays achetèrent des portions de cet héritage, et le château, avec quelques terres environnantes, fut acquis par M. de *Foucaud*, ancien garde-du-corps, chevalier de Saint-Louis.

Le bourg de Conteville, par sa situation et son ensemble, est un des plus beaux des environs; c'est là qu'habite, depuis longues années, un homme aussi instruit que modeste (M. Rever), associé correspondant de l'Académie des inscrip-

---

(1) Je dois une partie des notes sur Conteville à la complaisance de M. Rever.

tions et belles-lettres, à qui l'on doit une grande quantité de notices sur des objets d'antiquité, d'agriculture et d'histoire naturelle, la coopération à un *Voyage des élèves de l'école centrale dans le département de l'Eure*, et un mémoire *fort curieux sur les ruines de Lillebonne*. On attend avec empressement celui qu'il va bientôt publier sur les ruines du *Veil-Evreux*.

Je quittai la plaine de Conteville, et traversant les belles avenues de Saint-Pierre, je rentrai à la Pommeraye, dont les environs, que je vais continuer de parcourir, feront le sujet de ma prochaine missive.

LETTRE XIX.

Ducs de Normandie. — Comtes d'Evreux. — Intendans de Normandie. — Préfets de l'Eure. — Frognall-Dibdin. — Carbec. — Pèlerinage à Saint-Méen. — Pommiers des cimetières. L'abbé Moisy. — Cachet d'oculiste. — Bruyère de Fatouville. — Banc des Cousines. — Oursins. — Géodes. — Poudingues.

J'AVAIS fait hier des projets de courses lointaines, que des torrens de pluie m'ont empêché d'exécuter. La bibliothèque du château de la Pommeraye contient une partie des ouvrages publiés sur la Normandie; ma journée s'est passée à les mettre à contribution. Je ne vous ennuierai pas du résumé de ma lecture, chacun veut se faire sa part; mais voici quelques notes capables d'attirer votre intérêt.

Vous savez que les anciens Normands furent, à partir du dixième siècle, gouvernés par des ducs souverains, dont plusieurs, par suite de la conquête, devinrent en même temps rois d'Angleterre (1). Vous n'ignorez pas que Phi-

(1) Voici les noms des ducs de Normandie. — 1. *Raoul* ou

lippe-Auguste confisqua sur Jean-sans-Terre cette province, et la réunit à tout jamais à la couronne de France. Le comté d'Evreux (dont le *Roumois* et le *Lieuvin*, qui m'occupent en ce moment, faisaient partie) avait été distrait de ce duché, vers le milieu du dixième siècle, en faveur de *Robert*, archevêque de Rouen, fils puîné du duc *Richard-sans-peur* : ce prélat, ne jugeant pas à propos, comme le dit *Orderic-Vital*, « de s'abstenir des plaisirs de la chair, » épousa *Havoise* de Pontaudemer, et en eut trois fils. Une suite de révolutions fort bien décrite dans les *Essais sur le comté d'Évreux*, ne laisse rien à désirer sur l'historique des vicissitudes de ce petit domaine, jusqu'au moment où, sous Louis XIV, la Normandie ayant été partagée en trois généralités, de *Caen*, de *Rouen*, et d'*Alençon*, le comté d'Évreux fut divisé entre ces deux der-

---

Rollon en 912. — 2. *Guillaume I*er, dit Longue-Épée, 917, fils de Rollon.— 3. *Richard I*er, dit Sans-Peur, 943, fils de Guillaume Ier. — 4. Richard II, dit le Bon, 996, fils de Richard Ier.—5. *Richard III*, 1026, fils de Richard II. — 6. *Robert* le Diable, 1028, frère de Richard III. — 7. *Guillaume II* le Conquérant, 1035 : bâtard de Robert-le-Diable; roi d'Angleterre en 1066. — 8. *Robert II* Courte-Cuisse, 1081, fils de Guillaume-le-Conquérant.— 9. *Henri I*er dit Beauclerc, roi d'Angleterre, 1106, fils de Guillaume-le-Conquérant. — 10. *Henri II* dit Plantagenet, roi d'Angleterre, 1154, fils de Henri Ier. — 11. *Richard IV*, dit Cœur-de-Lion, roi d'Angleterre, 1188, fils de Henri II. — 12. *Jean* Sans-Terre, 1099, fils de Henri II, roi d'Angleterre : dernier duc souverain.

nières. Les noms des administrateurs de ces intendances sont curieux à connaître. Je vous les envoie.

Intendans de la généralité d'Alençon.

1. Michel-André Jubert de *Bouville*, en 1670. — 2. Claude *Méliand*, en 1676. — 3. Jean, baron de *Pommereu*, seigneur de la Bretèche, marquis de Riceys, 1677. — 4. Anne *Pinon*, 1702. — 5. Nicolas-Prosper Boyn d'*Angervillers*, 1704. — 6. Pierre-Hector *Le Guerchois*, seigneur de Sainte-Colombe, 1706. — 7. Louis-Guill. Jubert de *Bouville*, 1708. — 8. Paul-Esprit *Feydeau de Brou*, 1714. — 9. Ét.-Ant. *Foullé*, marquis de Martangis, 1715. — 10. Jacques Barberie de *Courteilles*, 1718. — 11. Robert de *Pommereu*, marquis de Riceys, 1720. — 12. L.-Fr. Lallemant de *Macqueline*, comte de Levignen, 1726. — 13. N. Julien, depuis 1766 jusqu'en 1790.

Intendans de la généralité de Caen.

1. Nic.-Jol. *Foucault*, marquis de Magny, 1689. — 2. P. Arnaud de *Labriffe* de Ferrières, 1710. — 3. Fr. *Guinet*, seigneur d'Artheil, 1711. — 4. Fr. *Richer d'Aube*, 1722. — 5. F. Aubery de *Vastan*, 1723. — 6. L. Arnaud de *Labriffe* de Ferrières, 1740. — 7. Fr.-Jean Orceau

de *Fontette*, 1752. — 8. N. *Esmangart*, 1775. — 9. *Cordier de Launay*, depuis 1783 jusqu'en 1790.

Intendans de la généralité de Rouen.

1. Denis *Feydeau de Brou*, 1686. — 2. Michel *Larcher*, marquis d'*Olisy*, 1690. — 3. Michel de *Chamillart*, 1692. — 4. Ant.-Fr. de Paule Lefèvre *d'Ormesson*, 1694. — 5. Yves de *La Bourdonnaye* de Coëtyon, 1697. — 6. Henri-Fr. Lambert d'*Herbigny*, marquis de Thibouville, 1702. — 7. Urbain de *Lamoignon*, comte de Launay-Courson, 1704. — 8. Charles-Bonaventure-Quentin de *Richebourg*, marquis de Sansergues, 1709. — 9. Et.-Nic. *Roujault de Villemain*, 1712. — 10. J.-Prosper Goujon de *Gasville*, seigneur de Ris et de Thorigny, 1715. — 11. L.-Fr. de *La Bourdonnaye*, 1732. — 12. Ch.-Henri *Feydeau de Brou*, 1755. — 13. Jean-Baptiste-Fr. de *La Michaudière*, 1762. — 14. L. *Thiroux de Crosne*, 1767. — 15. N. de *Pont*, 1777. — 16. L. *Thiroux de Crosne* reprend l'intendance de Rouen en 1778. — 17. N. de *Maussion*, depuis 1785 jusqu'en 1790.

La révolution française établit de nouvelles divisions; ces trois généralités formèrent cinq départemens qui eurent pour chefs-lieux: *Saint-*

Lô, département de la Manche, — *Rouen*, département de la Seine-Inférieure, — *Alençon*, département de l'Orne. — *Caen*, département du Calvados, — *Évreux*, département de l'Eure. Ce dernier département, depuis son origine, fut administré par neuf préfets. Voici quelques mots sur chacun d'eux.

1° — M. *Masson de Saint-Amand*, originaire de Paris, ancien maître des requêtes de l'hôtel, fut nommé premier préfet d'Évreux, en 1800, puis membre de la légion-d'honneur. Il organisa l'administration, calma les partis, et laissa, après six années d'un pouvoir fort étendu alors, des souvenirs dont je suis fier. Déjà auteur d'une traduction de l'*Art d'aimer* d'Ovide, il publia, pendant son administration, une *Statistique du département de l'Eure*. On lui doit depuis un ouvrage recherché, intitulé : *Essais historiques et anecdotiques sur le comté, les comtes et la ville d'Évreux*.

2° — M. *Savoye-Rollin*, ancien avocat-général au parlement de Grenoble, passa au bout de peu de mois à la préfecture de la Seine-Inférieure, puis à celle d'Anvers ; et mourut, en 1823, député de l'Isère.

3° — M. le baron *Rolland de Chambaudouin*, ancien conseiller au parlement de Paris,

4° — M. le comte de *Miramon*, gentilhomme d'Auvergne, chambellan de Napoléon, passa de là à la préfecture d'Indre-et-Loire.

5° — M. le comte *Maxime de Choiseul d'Aillecourt* : a été depuis préfet de la Côte-d'Or, de l'Oise et du Loiret.

6° — M. *Duval*, pendant les cent-jours.

7° — M. le marquis *Goujon de Gasville*, préfet à la deuxième restauration, passa depuis à la préfecture de l'Yonne.

8° — M. le comte de *Goyon*, qui déjà avait été préfet à Rhodez, à Livourne, à Saint-Brieux, à Auxerre, vint administrer le département de l'Eure en 1817, et passa de là à celui de Seine-et-Marne.

9° — M. le vicomte *Raymond de Lattre*, chevalier de la légion-d'honneur, maître des requêtes, gentilhomme honoraire de la chambre du roi, préfet en 1818.

A ces courtes notices sur les divers administrateurs et sur le pays j'aurais pu joindre un petit résumé bibliographique des ouvrages qui en traitent, mais quelques-uns me manquent ; je les trouverai chez le libraire *Frère*, dans ma première course à Rouen ; et alors nous rirons ensemble de pitié de ce *Voyage en Normandie*, par un ministre du culte anglican, *Frognall Dibdin*, qui s'est audacieusement vanté de connaître cette province, bien qu'il ne l'eût que regardée par la portière de sa voiture; et nous rendrons grace à MM. Crapelet de Paris et Liquet de Rouen, pour avoir fait justice de tant d'erreurs et d'injures. —Ici je m'arrête; demain, si le temps le permet, je recommencerai mes excursions, et sous peu je vous en parlerai......

Je reprends ma lettre, fort satisfait de mes promenades nouvelles. Je crois vous avoir déjà dit que le domaine de la Pommeraye se trouve sur les deux communes de Berville-sur-Mer et de Carbec. Ce dernier village est renommé dans le pays par une source sacrée où, depuis plusieurs siècles, des pèlerins viennent chaque jour invoquer saint Méen, célèbre en Bretagne sa patrie, et connu ici et dans les environs par ses miracles en faveur des malheureux tourmentés de maladies cutanées. Saint Méen, ou Connard Méen, né en Bretagne à la fin du sixième siècle, mort en 617, avait été un des disciples de saint Samson, et fut appelé, à ce que l'on présume, dans ces parages par son compatriote et son maître, l'évêque de Dol. Un vallon sauvage devint sa retraite, la prière son occupation, le jeûne sa pénitence; de toutes parts on prit confiance dans sa vertu, et des lépreux, pensant qu'un aussi saint personnage obtiendrait de Dieu pour eux une guérison qu'ils avaient vainement demandée, vinrent lui confier les maux qu'ils enduraient. Le pieux solitaire conseilla aux malades l'usage des immersions dans une source voisine, et une religieuse confiance.... Ils recouvrèrent la santé, et depuis ce moment la vertu purifiante de ces eaux n'a cessé d'attirer de nombreux pèlerins (1).

Sur la place du hameau de Carbec un Christ annonce l'endroit révéré des fidèles; l'eau miraculeuse jaillit à ses pieds. La clef d'un voisin, qui l'a prise à ferme dans l'intérêt de la fabrique, la dérobe aux regards, et le chef de la prière donne seul le droit de la faire ouvrir.

Plusieurs pèlerins sortaient de la chapelle qui en est proche, lorsque j'arrivai, et non contens de boire à longs traits (2) cette eau bienfaisante, ils en remplissaient des flacons pour les emporter au loin. L'un d'eux frappa surtout mes regards; éloigné du groupe principal, il venait de tirer du fond d'une boîte un rustique chapelet, et, les yeux humides de larmes, il priait avec ardeur et simplesse. Sa figure respectable inspirait l'intérêt sans indiquer le besoin ; et je fus étonné lorsque, s'approchant de moi, il vint, au nom de

(1) Voyez saint Méen, Histoire *des saints de Bretagne* par *Lobineau*. La fête de saint Méen est le 21 juin.

(2) Les bains ne sont plus en usage ; les pèlerins se contentent des boissons.

saint Méen, réclamer ma charité. Sa mise, bien que grossière, était propre et annonçait l'aisance; j'hésitai en le regardant, il s'en aperçut: « Vous n'êtes pas du pays, monsieur, me dit-il, vous ignorez les obligations de ce pèlerinage. Saint Méen, soyez-en sûr, ne veut accorder l'efficacité de ses eaux ni à l'impie ni au profane; il ne rend la santé que lorsque les malades eux-mêmes ou leurs proches parens se présentent à lui mortifiés par la prière ou l'humilité: fidèles aux préceptes de l'Évangile, qui met de niveau tous les mortels devant Dieu, il veut que le riche et le pauvre arrivent à cette source de régénération en invoquant la charité publique.

« Cet usage s'est perpétué; une partie du produit de la quête est consacrée à l'entretien de la chapelle, et le reste se distribue aux indigens. Pour moi, natif de *Cambremer*, à douze lieues d'ici, j'ai acquitté l'an dernier mon vœu comme le désire l'Église. J'ai fait le chemin pieds nus, en sollicitant humblement l'aumône: les maux de mon fils unique que je craignais de perdre se sont adoucis, et vous me voyez aujourd'hui réuni à ma ménagère pour remercier Dieu de nous avoir conservé l'enfant qui fait notre joie. »

Je donnai de bon cœur mon offrande à ce brave villageois, dont la simplicité touchante m'avait sensiblement ému, et j'allai de là visiter l'église, dont l'entretien sollicite un surcroît de charité de la part des fidèles. Je remarquai que le cimetière, ainsi que tous ceux que j'avais vus dans les environs, était planté de pommiers, et je me rappelai les vers bachiques d'Olivier Basselin, qui prouvent que déjà de son temps, au quatorzième siècle, cet usage était observé ; les voici :

> On plante des pommiers ès bords,
> Des cimetières près des morts,
> Pour nous remettre en la mémoire
> Que ceux dont là gisent les corps
> Ont aimé comme nous à boire.

La conséquence du poète n'emportera pas tous les avis ; mais elle prouve du moins l'antiquité de cette coutume.

Quelques tombeaux attirèrent mon attention ; sur l'un d'eux je lus le nom de l'abbé *Moisy :* je l'avais connu et apprécié, et mes regrets se renouvelèrent au souvenir de ce professeur de belles-lettres dans un collège de Paris, homme aimable et instruit, savant sans prétentions, doux et conciliant, homme du monde, et chéri de ses élèves, qui mourut en 1822 dans sa petite propriété de Carbec, après avoir consacré une vie exempte de reproches à l'instruction et au culte.

On m'a montré à quelques pas de l'église l'em-

placement où fut déterrée par hasard (1) une pierre antique dont l'usage est connu depuis un siècle, mais dont les particularités présentent toujours de l'intérêt. Elle était carrée, noire, plate, plus large qu'épaisse, et fut reconnue par plusieurs savans pour un cachet d'oculiste du temps des Romains, et ne remontant pas au-delà des trois quarts du second siècle de l'ère chrétienne. La substance de tous ces cachets, selon M. Haüy, est de la nature des stéatites ou pierre de lard. M. Rever de Conteville, qui déjà dans le pays avait observé quelques cachets de cette espèce, fit à ce sujet un rapport à la société littéraire d'Evreux, qui le fit imprimer dans le compte rendu de ses séances. « C'était avec de pa-
« reils cachets, dit cet antiquaire, que les em-
« piriques d'alors fermaient toutes les drogues
« qu'ils débitaient, et sur lesquelles des mots
« gravés le long des tranches de la pierre lais-
« saient l'empreinte qu'ils avaient adoptée. »

L'oculiste qui avait fait faire le cachet de Carbec, nommé *Lollius Fromimus*, recommande dans sa recette de se frotter légèrement les yeux avec un pinceau imbibé de son collyre, qu'il appelle divin.

« L'usage de ces collyres, ajoute M. Rever,

(1) En 1813.

« était devenu une sorte de manie ; on en col-
« portait, selon Aetius (1), chez toutes les nations
« qui dépendaient de l'empire ; il y en avait de
« recommandés aux personnes même qui n'a-
« vaient aucun mal aux yeux. Ces collyres étaient
« offerts pour donner à l'organe de la vue de
« l'éclat et de la fraîcheur.

« On peut, d'après cela, se figurer en quel
« nombre pullulaient les oculistes, et ne s'étonner
« ni de la quantité des cachets qu'on trouve, ni
« de ce que ces cachets se rencontrent dans les
« provinces les plus éloignées et peu instruites,
« plutôt qu'à Rome et dans l'Italie, où les char-
« latans, plus connus, ne devaient pas espérer un
« débit aussi lucratif. »

Quittant le vallon du pèlerinage avec un vieux garde-chasse qui me servait de guide, je montai sur la bruyère de *Fatouville-sur-Mer*, large plateau semblable au mont Courel ; puis pénétrant par le *chemin vert* dans les bois de la Pommeraye, j'allai contempler l'aspect ravissant du *banc des Cousines*.

Des pierres brillantes étincelaient sous mes pas aux rayons du soleil, j'admirais leur cristallisation variée ; et je sus par mon guide que leur

---

(1) Médecin né en Mésopotamie dans le troisième ou quatrième siècle. Ses ouvrages furent imprimés à Bâle, en 1542, in-folio.

réputation avait maintes fois attiré des naturalistes sur cette côte, où se rencontrent de toutes parts la *pirite ferrugineuse*, le *poudingue*, la *géode*, l'*oursin fossile*, et quantité de coquillages pétrifiés qui, sur les sommets les plus élevés du pays, sont un témoignage sans cesse renaissant du grand cataclysme universel.

Tout en parcourant ces landes couvertes de morceaux géologiques assez curieux, je pensais au bouleversement du globe; je tâchais, dans mon imagination, de faire coïncider les opinions diverses de nos plus savans naturalistes sur les convulsions de la machine terraquée, et je crus reconnaître que les plus beaux systèmes ne vaudraient jamais la magnifique description du déluge de M. de Chateaubriand : Je vous y renvoie, et vous fais mes adieux.

LETTRE XX.

Hameau du Feugrai. — Fatouville-sur-Mer. — Une truie pendue par arrêt. — Martyr de saint Gorgon. — Le diplomate Fatouville. — Les amers. — Le val anglais. — Ruisseau de Jobles. — Moulin à papier. — Scierie de marbre.

C'était dimanche dernier la fête de la paroisse de Fatouville; nous nous y sommes rendus : le chemin qui y conduit en sortant de la Pommeraye est agréable et varié, mais il est difficile de le parcourir autrement qu'à pied ou à cheval. Nous traversâmes le hameau du Feugrai, où existait, dans le douzième siècle, un petit fief appartenant alors au seigneur Mathieu du Feugrai, compagnon de voyage, en Palestine, de ce malheureux duc Robert à qui son frère Henri avait fait crever les yeux; puis, après avoir admiré ce qu'on appelle les rues de ce hameau, qui ressemblent bien plus aux allées d'un parc soigné, nous atteignîmes l'église de Fatouville, que précède une large avenue où se tient le marché, et où se rassemblent les habitans avant et après les offices : rien de plus joli que le coup d'œil qu'offre cette réunion d'hommes agrestes, tous proprement vêtus, et de ces campagnardes au teint frais, à la taille élancée, au rouge corsage et au bonnet pyramidal. Demain, me disais-je en considérant tant de recherche ; demain, quelle métamorphose ! La plupart de ces jolies villageoises, reprenant leurs rustiques travaux avec une bure grossière, et échangeant leur coeffure élancée contre l'épouvantable bonnet de coton, elles vont s'enfoncer dans le fumier des étables. Ah ! que Tristan (1) avait raison de dire : « L'instinct est l'ame des jours ouvrables, « l'imagination l'ame des jours de fête. » J'allais entrer dans l'église lorsque des cris perçans, partis d'une cour voisine, attirèrent la foule. Cherchant à connaître le sujet de tant de mouvement, je me dirigeai du même côté : plusieurs groupes étaient établis à la porte de la maison ; on y parlait avec feu : les mots d'*imprudence*, de *fenêtre ouverte*, d'*horrible événement*, frappèrent mon oreille ; je cherchai à pénétrer dans l'habitation. « Ah monsieur ! me dit un paysan qui en sortait, épargnez-vous un affreux spectacle ; n'entrez pas. — La maîtresse de ce logis est partie ce matin avec son mari, pour aller acheter,

---

(1) Tristan le Voyageur, par MARCHANGY.

à la ville les provisions de la semaine. La servante, en leur absence, gardait leur enfant au berceau; l'heure de la messe a sonné, elle s'y est rendue en fermant la porte avec soin : mais une fenêtre basse était restée ouverte; une truie, qui errait dans le verger, est entrée dans la chambre..... et le malheureux enfant n'offre plus aux regards que des restes déchirés et sans vie!!! Vous jugez du désespoir de la servante; ce sont ses cris que vous avez entendus : quels seront ceux de la pauvre mère! » Je me détournai de cette scène d'horreur. En me dirigeant vers l'église, j'appris que les événemens de ce genre étaient malheureusement communs dans le pays, à cause de la liberté qu'on laisse au bétail d'approcher des habitations, et je me souvins d'avoir lu un certain arrêt du vicomte de Falaise, en 1393, pour faire *pendre une truie* qui avait dévoré un enfant au berceau.

Mais revenons à l'église de Fatouville : le digne pasteur qui la gouverne, le respectable et excellent abbé Lamarre, a un soin particulier de tout ce qu'elle contient. On me fit remarquer un tableau assez distingué du Christ, au-dessus du maître-autel; puis on me montra une des chapelles, dédiée à saint *Gorgon*, invoqué dans le pays pour faire cesser la fièvre : j'ignore jusqu'à quel point s'étend le pouvoir fébrifuge de ce patron ; mais, quoi qu'il en soit, le courageux dévouement de ce saint personnage mérite d'être cité.

Originaire de l'antique Neustrie (1) et favori de Dioclétien, il vit un jour avec douleur l'empereur ordonner le supplice de plusieurs chrétiens qui avaient refusé de sacrifier aux faux dieux ; vainement il sollicita leur grace, tous passèrent par la main des bourreaux. « Eh bien ! sachez, dit saint Gorgon à l'empereur, sachez que non-seulement j'admire leur courage, mais que je partage leurs opinions. Le christianisme qu'on leur reproche, bien loin d'être un crime, est au contraire un juste hommage qu'ils rendent au vrai Dieu. S'ils ont mérité la mort, que votre arrêt nous soit commun ; car, à votre insu, j'adore comme eux Jésus-Christ. » Dioclétien, furieux, changea son affection en haine implacable, et, livrant saint Gorgon aux bourreaux, il le fit fouetter, couvrir de plaies, jeter dans le sel et attacher sur un gril, où il brûla à petit feu..... Son corps fut enterré par les chrétiens dans la ville de Nicomédie ; et depuis, un évêque de Metz, nommé saint *Godegrand*, natif de Normandie, ayant obtenu du pape Paul Ier cette précieuse relique, on présume qu'il en envoya

---

(1) Vivait en l'an 302 de J.-C. Voyez *Acta sanctorum*.

une partie dans le pays qui l'avait vu naître.

En sortant de l'église, je demandai si le village de Fatouville possédait encore des ruines d'habitation seigneuriale; aucun vieillard n'en avait connu, et je me rappelai cependant qu'à l'époque de la minorité de Louis XIV, en 1649, le parti de la fronde et du roi ayant songé à un accommodement, un seigneur de *Fatouville* avait entamé les négociations à Ruel, près Paris.

Nous passâmes, en sortant du village, auprès de deux sapins gigantesques, connus des habitans sous le nom de *bons hommes ;* leur élévation sur cette côte, qui permet de les distinguer de fort loin sur la Seine, les a fait acheter par la marine, pour lui servir d'*amers* (1). Continuant notre promenade par un chemin encaissé au milieu des bois, nous arrivâmes au *Val anglais*, où la tradition a conservé les détails d'un combat livré, sous Charles VI, aux Anglais, qui, alors maîtres d'Honfleur, s'étaient répandus dans le pays pour y exercer leur pillage. Entrés par la petite rivière de *Jobles*, et la remontant jusqu'à sa source, ils ravagèrent les campagnes environnantes. La crainte avait fait fuir les habitans, le désespoir les réunit : ils obligèrent l'ennemi à

---

(1) *Les amers* sont les indices des endroits dangereux, servant de guide aux navigateurs le long des côtes.

se jeter dans un défilé, l'accablèrent par leur nombre, et en firent un massacre si considérable, qu'à peine quelques-uns d'eux purent porter à Honfleur la nouvelle de leur défaite. Le petit vallon qui entoure la source de Jobles a pris depuis lors le nom de *Val anglais*. Chaque fois que les habitans défrichent quelque portion de bois, ils rencontrent les ossemens de ces fiers Bretons, et racontent encore, après quatre siècles, à leurs enfans comment leurs ancêtres mirent à mort ces pillards ennemis.

Une fontaine qui jaillit près de ce lieu de carnage s'écoule avec rapidité vers la Seine, et, grossie du tribut de plusieurs autres sources, fait tourner un moulin à blé, puis, quelques pas plus loin, une usine où se fait un papier grossier, tantôt employé à doubler les navires, tantôt à envelopper les paquets d'épingles que l'on fabrique à Rugles et à l'Aigle. Je donnai quelques instans d'attention à la manipulation de la pâte, formée d'un mélange de vieux cordages de vaisseau, d'ocre, et d'une espèce de terre noirâtre qu'on retire de la mer près d'Honfleur. En suivant les gracieux contours du ruisseau, nous arrivâmes à une scierie de marbre connue ici sous le nom de la *mécanique de Jobles* : cette mécanique, dont les moyens sont aussi simples que les résultats sont intéressans, augmente chaque année d'importance : c'est là que se travaillent le *vert campan*, le *bleu turquin*, la *griotte d'Italie*, le *blanc statuaire*, le *porte-or*, et tant d'autres calcaires précieux qui, arrivés par mer à Honfleur, sont ensuite charriés à Jobles par blocs énormes. Là des scies perpendiculaires, au nombre de cinquante-deux, mues par deux tournans, coupent quatre pouces de marbre en vingt-quatre heures : chaque plaque, ayant près de quatre pieds de long sur deux et demi de haut, est de l'épaisseur d'environ un pouce.

La chute d'eau, en sortant de la scierie, passe sous la route, se jette par une cascade dans un ravin profond, planté d'arbres nombreux pour obvier aux éboulemens, et, après avoir serpenté dans ces gorges sauvages et pittoresques, elle se rend, à deux cents pas de là, dans la Seine.

Le hameau de *Jobles*, réunion de malheureux pêcheurs, dépend de la commune de Fatouville, nous le traversâmes, et il fut résolu que l'on irait le lendemain visiter les rochers et les dernières ruines de l'ancienne abbaye de *Grestain*, où furent déposés les restes de la mère de Guillaume-le-Conquérant; mais des affaires particulières me détournèrent de ce projet en m'appelant à la foire de Beuzeville, chef-lieu du canton. Ce sera le sujet de ma prochaine épître.

LETTRE XXI.

Beuzeville. — Saint Hellier. — Puits à mécanique. — Narré d'un repas normand.

La route de Beuzeville était couverte de chevaux, de bétail et de marchands forains, qui s'y dirigeaient en même temps que moi dans l'intérêt de leur commerce : ce ne fut pas sans difficulté que je parvins à entrer dans le bourg. Je me fis indiquer la demeure de la personne à qui j'avais à parler, et ce n'est que long-temps après avoir opposé une résistance constante aux flots réitérés de la foule que je pus y parvenir. Je croyais terminer de suite l'affaire qui m'avait amené, mais les obstacles à lever étaient au chef-lieu de sous-préfecture ; j'allais partir pour m'y rendre, lorsque mon hôte me prenant par le bras : « Je vous tiens, me dit-il obligeamment, il sera bien temps d'aller demain à *Pont-audemer*; j'ai quelques amis aujourd'hui à dîner, vous me ferez, je l'espère, le plaisir de vous joindre à eux et d'accepter un lit ici. » Je consentis à des offres faites d'aussi bonne grace, et, en attendant le dîner, nous allâmes ensemble faire une tournée dans le bourg. « La foire de Beuzeville, me dit-il, est une des plus considérables du pays. Le blé, les chevaux d'un prix inférieur, les moutons de Présalé, y sont le principal commerce, et y attirent plus de dix mille personnes des environs. Voici l'église, entrons-y : des fleurs nouvelles décorent l'autel de saint *Hellier*, le patron de la fête de ce jour. Ce saint personnage naquit à Tongres, dans le sixième siècle ; il vint en France, habita pendant plusieurs années le diocèse de Coutances, et alla de là vivre, au milieu des rochers, dans un ermitage de l'île de Jersey. Il y était retiré depuis plusieurs années, lorsque des pirates du nord, s'étant jetés sur cette île, y mirent tout à feu et à sang ; l'un d'eux trouva saint *Hellier* en prières, au milieu de sa solitude : le jeûne avait miné ses forces ; il s'offrit au Vandale en victime résignée, et sa tête tomba sous l'épée du barbare.

« La vie de saint Hellier avait été marquée par de nombreux miracles ; il fit encore, après sa mort, celui de porter pendant cent pas sa tête entre ses bras (1). Le pirate, à cette vue, s'enfuit

---

(1) Dans *Acta sanctorum*, au 16 juillet, on lit les quatre rimes

épouvanté. De zélés chrétiens vinrent chercher le corps de ce vénérable ermite, et le transportèrent jusqu'au confluent de la Meuse et du Rhin, où ils le firent ensevelir.

« Les habitans de l'île de Jersey ont donné le nom de ce saint homme à leur chef-lieu, et ce patron a été vénéré depuis dans plusieurs parties de la Normandie, et particulièrement à Beuzeville, où par allusion à son nom, que les gens de la campagne ne manquent pas de prononcer saint *Délié*, toutes les mères dont les enfans ne sont pas très-agiles viennent chaque année, à cette époque (en juillet), supplier le saint de délier leurs membres. »

Au sortir de l'église, mon guide me fit voir au milieu de la place un puits à manivelle, construit en petit sur le modèle de celui de Bicêtre : une grande roue armée de chevilles permet à un enfant de la faire facilement mouvoir; un seau énorme monte à la margelle, un crochet

---

latines suivantes, qui consacrent le souvenir de la mort de ce saint :

Hunc cum confecerat sitis et macies	Un barbare en veut à sa vie.
	Du Vandale la cruauté
Minuit capite Vandalis acies:	Tranche cette tête affaiblie
	Par le jeûne et l'austérité.
Novum quod mortuus propriis manibus	Hellier s'est offert en victime,
	Sa tête tombe dans ses bras,
Cervicem detulit plus centum passibus.	Et, miracle à côté du crime !
	Il la porte à plus de cent pas.

le saisit, et, lui faisant faire la bascule, l'oblige à se vider dans un réservoir. La roue tourne dans un sens inverse; le crochet se détache, le seau redescend au fond du puits, et un autre lui succède apportant son tribut. Une dépense aussi nécessaire était vivement désirée dans une plaine où l'eau est fort rare.

Tout en devisant ainsi, nous rentrâmes au logis. Nous étions attendus : l'on se mit à table.

Notre hôte avait eu la recherche de rassembler à ce repas une grande partie des mets ou des productions du pays. Un verre de vin d'*absinthe* (1) ouvrit la séance comme stimulant d'ap-

---

(1) Le vin d'absinthe, qui est d'un usage fort commun dans une partie de la Normandie, et surtout à Rouen, est bien anciennement connu; car, si j'en crois *Legrand Daussy* dans sa *Vie privée des Français*, « lorsque Frédégonde eut fait assassiner l'arche-
« vêque de *Rouen*, Prétextat, il se trouva un seigneur franc qui
« eut la hardiesse de lui en faire des reproches. Résolue de l'en
« punir, l'infâme reine dissimula sa colère, et voulut le retenir à
« dîner; sur son refus, elle l'invita au moins à ne pas sortir de
« son palais sans s'être désaltéré. Il fallut céder, parce que telle
« était alors l'étiquette de la politesse: mais il ne sortit point du
« lieu où il était entré; on l'y empoisonna avec du vin d'*absinthe*
« au miel. (Chap. *Usages particuliers des repas.*) »

L'Ecole de Salerne, ouvrage écrit vers l'an 1100, accorde au vin d'absinthe la vertu de calmer le mal de mer. Il y est dit au chapitre de *l'absinthe :*

>*Nausea non poterit quemquam vexare marina*
>*Antea commixtam vino qui sumpserit istam.*

Prêt à vous embarquer buvez du vin d'absinthe:

pétit; puis chacun eut à choisir du pain *brié* (1) ou du pain *mollet*, nommé à Rouen *régence* (2).

> Contre les maux de cœur c'est un préservatif.
> Du nitre de la mer, de son air purgatif
> Vous n'aurez tout au plus qu'une légère atteinte.

(1) Le pain *brié*, qui tire, dit-on, son origine de certaines parties de l'Espagne qui confinent la Navarre, fut apporté en Normandie du temps de Charles-le-Mauvais, roi de Navarre et comte d'Évreux, vers le milieu du quatorzième siècle. Ce mode de fabrication ne fut pas généralement adopté dans la province, et aujourd'hui même il n'est guère connu que depuis Pontaudemer jusqu'aux environs de Lisieux. Voici de quelle manière s'en fait la manipulation. L'ouvrier, après avoir placé la pâte à l'un des bouts du pétrin, marche dessus avec de gros sabots et l'aplatit de son mieux; on la coupe ensuite par morceaux de trente à quarante livres, et on les porte sur la brie.

La brie est un madrier de deux pieds de largeur environ, de huit à neuf pouces d'épaisseur et de trois pieds de longueur; à une des extrémités du madrier est fixée, de manière à pouvoir la lever ou baisser à volonté une barre retenue par une cheville: elle a environ six pieds de longueur, et se nomme le *brion*. Un homme à cheval sur le *brion* ramasse sans cesse la pâte dessous, tandis qu'un autre ouvrier, levant et baissant alternativement l'extrémité du brion opposée à la cheville, écrase à chaque fois la pâte de toutes ses forces. L'habitude fait juger quand la pâte est assez briée; alors on lui donne la forme d'une boule, on l'aplatit en rond à l'épaisseur de trois pouces, et l'on obtient ainsi ce que l'on nomme du pain *brié à la mode*, dont la mie est blanche, compacte, facilement friable, nullement légère et très nourrissante: la croûte en a bonne mine, mais elle est d'une dureté extrême.

(2) Ce que l'on nomme, à Rouen, *régence* est une espèce de pain connu à Honfleur sous le nom de pain mollet. Il est assez bon lorsqu'il est frais, mais le lendemain la croûte ramollie a une

La table offrait d'abord aux yeux, sur un *doublier* (1) de toile de *Bernay*, des huîtres de *Courseule* et de *Cancale*, flanquées de hors-d'œuvre contenant les beurres les plus renommés de *Gournay* et d'*Isigny*, ainsi que de la *criste marine* (2).

« Voilà, dit notre Amphitryon, de quoi pelotter en attendant partie. » Bientôt parurent le gigot de *Beuzeville* (3), les *tripes à la mode de Caen* (4),

fâcheuse ressemblance avec du carton mouillé; en général, les Normands n'entendent rien à la fabrication du pain. On présume que les régences ont pris leur nom de l'époque de la régence du duc d'Orléans, en 1715, qu'elles commencèrent peut-être à être connues.

(1) A Bernay une nappe se nomme un *doublier*. « C'était une « expression fort en usage aux douzième et treizième siècles : on « les nommait ainsi, dit *Legrand Daussy*, *Vie privée des Français*, « parce qu'on avait l'habitude de les ployer en deux sur sa table, « et qu'après les avoir salis d'un côté on les retournait de l'autre. »

(2) La *criste-marine* ou *baccile* est une plante grasse, de la grosseur d'une paille; on la recueille sur le bord de la mer pour en faire confire les jeunes pousses à la façon des cornichons.

(3) Nous avons déjà parlé des moutons qui les fournissent.

(4) Ce mets, dont beaucoup de personnes se refusent à goûter à cause de sa similitude *odorante* avec l'andouille, jouit cependant depuis des siècles d'une haute réputation.

Homère dit que dans un *régal* magnifique préparé pour Achille on y servit des *tripes de bœuf*.

Athénée, auteur grec du troisième siècle, dans ses *discours de table des sophistes*, dit, en parlant d'un grand repas préparé pour Philoxène, l'un des généraux d'Alexandre-le-Grand (liv. IV, chap. 7) : « L'on y servit d'abord les *intestins des animaux* agréable-

la *flondre à la crème* (1), la *matelotte à la quille-boise* (2) et plusieurs autres mets dont le nom a fui de ma mémoire. Au second service, on apporta deux superbes *cannetons* de Rouen (3),

« ment arrangés autour de leur tête dans un même plat: c'est « ainsi que les dieux font grande chère avec leurs amis. »

Ailleurs (liv. vi, chap. 9), il dit que « après la folle entreprise « des Titans, le genre humain, délivré de leur tyrannie, se trouva « dans un si grand repos et jouit d'un si délicieux bonheur, que « les hommes se faisaient servir dans tous leurs repas de gras *in-« testins des bestiaux* et de leurs *boyaux* les plus délicats. »

Que si l'on passe aux temps modernes, nous lisons dans un réglement fait en 1336, par Humbert II, dauphin de Viennois, pour sa table, que « le lundi et le mercredi on lui servait une « purée de pois ou de fèves avec deux livres de salé, puis de « bonnes *tripes* cuites à l'eau.» (*Legrand Daussy;* chap. *des festins.*)

Glorieux de s'assimiler aux généraux, aux princes, voire même aux dieux, les Normands de ces contrées, et surtout de Caën, sont très-friands de ce vieil essai culinaire, qu'un langage un peu moins rustique fait connaître ailleurs sous le nom de *gras double*. Dans quelques villes de France on joue, on parie un pâté de foie gras, une volaille aux truffes; à Beuzeville, c'est un plat de tripes de l'aubergiste mademoiselle *Bonhomme*......, et après cela on tire l'échelle.

(1) La sauce du pays la plus ordinaire pour le poisson est de la crème cuite: elle plaît une ou deux fois; mais on se lasse bientôt d'un assaisonnement aussi fade avec un mets qui a besoin d'être relevé par des acides.

(2) La matelotte *à la quilleboise* a pour base du beurre, du cidre et de l'ognon.

(3) La ville et les environs de Rouen sont renommés par des petits canards dont la délicatesse n'est pas au-dessous de leur réputation. Ils sont connus dans le commerce sous le nom de *cannetons*.

dont l'aspect onctueux et sphérique excita dans l'assemblée un murmure approbateur. Un des convives, après avoir retroussé ses manches, fit gémir longuement, à coups cadencés, deux couteaux l'un sur l'autre; puis, procédant avec gravité à l'autopsie des volatiles, trente-six aiguillettes sous chaque aile furent pour les regardans le résultat d'une mortelle demi-heure d'attente : mais aussi l'impitoyable disséqueur fut porté aux nues, et chacun *savoura* son talent en avalant une tranche que le moindre zéphir eût emportée de l'assiette.

Près des cannetons figuraient le lapin parfumé du *mont Courel* (1), l'éperlan de *Jumièges* (2), la crevette de *Berville* (3), les moules de *Villerville* (4), l'odorant melon de *Honfleur*, et des pois *goulus* (5).

(1) Le mont *Courel*, qui forme une des pointes avancées dans la Seine entre le village de Berville et le hameau de Grestain, nourrit dans les bois qui l'environnent des lapins d'un fumet remarquable.

(2) *Jumièges*, près Rouen, est l'endroit ou l'éperlan se pêche en quantité et en qualité remarquables.

(3) Ce petit crustacé est fort répandu dans les parages de *Berville*.

(4) *Villerville*, entre Honfleur et Touques, est réputé pour la délicatesse de ses moules.

(5) Les *pois goulus*, peu connus à Paris, sont fort communs ici; leur nom leur vient de ce que l'on mange la cosse en même temps que le grain. On les nomme encore pois *mange-tout*, par la

Après le cidre de la plus belle couleur, tous les vins français (1) furent passés en revue, et notre hôte parut mettre d'autant plus d'amour-propre à nous faire part de ses richesses bachiques, que le pays n'en produit point.

Enfin parut le dessert, où, parmi la quantité des mets qui couvraient la nappe, figuraient le gâteau sablé d'*Alençon* (2), la compote de *Normandie* (3), les fromages de *Livarot*, de *Mignot* (4), de *Cambremer* et de *Pont-l'Évêque*.

---

même raison, ou *pois à tirer*, parce que l'on en tire les filandres sur les arêtes de la cosse avant de les avaler. Le nom d'histoire naturelle est *pois sans parchemin* : c'est celui qu'on adopte lorsqu'on veut s'abstenir d'une idée triviale. On lit dans la *Vie privée des Français*, par *Legrand Daussy* (édition de Roquefort. Paris, 1815, 3 vol. in-8), que cette espèce de pois fut apportée en France vers 1600 par M. de Buhi, ambassadeur de France en Hollande (tome I, page 169).

(1) Beaucoup d'habitans appellent encore ici *vins français* les vins de choix que l'on récolte en France. C'est un reste d'habitude passé de génération en génération, qui se reporte à l'époque où la Normandie ne faisait pas partie de la France.

(2) Espèce de pâtisserie assez recherchée, et qui s'émiette comme du sable quand on la mange. Elle se compose d'un tiers de beurre, un tiers de farine, un tiers de sucre.

(3) Le raisiné soigné, fait avec des poires et du cidre doux, se nomme ici compote : il est au raisiné de Bourgogne ce que de l'eau rougie est au clos Vougeot.

(4) Nom d'un fabricant de fromages renommés dans les environs de Broglie, arrondissement de Bernay, département de l'Eure.

Lorsque ce dernier fut placé, « Voilà, s'écria le maître de la maison, la perle de nos fromages gras ; laissons vanter à d'autres leur fromage de Brie et ceux de vingt autres espèces; celui de Pont-l'Évêque l'emporte sur tous, et *Le Cordier* avait bien raison de dire :

>Il n'est point d'une odeur mauvaise
>Ni d'une plure qui déplaise.
>. . . . .
>Il est d'une pâte si douce
>Qu'on peut le presser sous les doigts
>Sans jamais répondre au pouce (1). »

Chacun s'amusa de l'emphase du poète Le Cordier. Je goûtai du sujet qui l'avait inspiré, et, malgré les éloges des Normands, je trouvai le fromage de Pont-l'Évêque d'une qualité qui ne pouvait supporter la comparaison, même avec le fromage de Brie le plus médiocre. Près de là étaient les *biscuits* du *Havre* (2), les *trocadéros*

(1) Extrait d'un poëme des plus curieux par sa bizarrerie, du sieur Le Cordier, intitulé le *Pont-l'Évêque*, dédié à mademoiselle de Montpensier. (1 volume in-4. imprimé à Paris, 1662, page 155.)

(2) Le *biscuit du Hâvre*, dont on fait aussi beaucoup à Honfleur, est une espèce de pâte pétrie avec de l'anis et quelques jaunes d'œufs: il est mis deux fois dans le four, et y reste douze heures chaque fois. Il est de forme cubique, d'environ deux pouces sur

d'Honfleur (1), les *mirlitons* de Pontaudemer (2), les *nourolles* de Louviers (3), des pommes d'*amigo* (4), des *gadèles* blanches et rouges (5), plusieurs assiettes de fruits à *couteau* ou à *pierre* (6), et, au milieu de la table, se distinguait un énorme ananas confit. « Quant à ceci, dit notre hôte, il vous est facile de voir que c'est un *horzin* (7). Un capitaine de navire, venu récemment de la Mar-

toutes ses faces; on le vend dans le commerce enveloppé dans des papiers gris.

(1) Le sieur *Élie* d'Honfleur est l'*inventeur* de cette pâtisserie nouvelle, où il entre de l'anis. Sa forme est celle d'un écu de six francs. Sa dénomination, comme on le voit, est *très-ingénieuse*.

(2) Le *mirliton* est un gâteau délicat où entrent des œufs, du sucre et de la frangipane. Rouen et Pontaudemer se disputent l'invention de cette pièce de four.

(3) La *nourolle* est une pâle copie des brioches.

(4) On entend par fruits d'*amigo* ceux qui ont passé une partie de l'année à mûrir sur la paille, telles sont les poires de bon chrétien, les pommes de calvillé, etc.; quelques-uns prétendent que le nom d'amigo vient du mot *mijoter*, cuire à petit feu, parce que ces fruits ne mûrissent que lentement.

(5) On ne nomme ici groseilles que les groseilles à maquereau; les autres sont des *gadèles*.

(6) Les Normands ne connaissent que trois espèces de fruits : 1° les fruits à *brasser*: ce sont ceux avec lesquels on fait le cidre; 2° les fruits à *couteau*, comme certaines espèces de poires et de pommes qu'on ne mange que crues; 3° des fruits à *pierre*, qui sont ceux à noyaux, comme *pêches, prunes, cerises, abricots*, etc.

(7) C'est ainsi que l'on nomme ce qui n'est pas une production de la propriété dans laquelle on se trouve. Tout ce qui vient du dehors, en ce cas, est un *horzin*.

tinique, m'en a fait présent ce matin : il ne pouvait arriver pour une occasion meilleure. »

La gaieté commençait à animer les assistans ; on parla de chanter quelques refrains, et mon voisin, fidèle à tout ce qui naquit en Neustrie, entonna des couplets que le vieux langage d'Olivier Basselin permet encore d'entendre. J'en ai retenu ce qui suit :

Hommage au Cidre.

Ne laissons point seicher
Le passage des vivres,
Mais que nous soyons ivres
Nous nous irons coucher.

O soulas (1) des gosiers,
O très-bon jus de pomme,
Prions pour le bonhomme
Qui planta les pommiers.

Lorsque chacun eut chanté son couplet favori, on apporta le café (2) et un sucrier rempli de *pierres* de sucre (3). Notre hôte, qui avait couru le monde, et qui savait apprécier le mérite de

(1) *Soulas*, soulagement.
(2) Le bourg de Beuzeville est, dit-on, l'endroit du département où l'on consomme la plus grande quantité de café.
(3) L'habitude en Normandie n'est jamais de dire un morceau de sucre, mais bien une *pierre* de sucre.

cette divine liqueur, nous l'annonça comme un présent soigné d'un de ses amis revenu récemment de Moka. On nous le servit dans de si énormes tasses, que je me souvins aussitôt d'un passage de M. Brillat Savarin (1), conçu en ces termes : « On ne servit pas le café dans ces vases « dégénérés qu'on appelle *tasses* à Paris, mais « dans de beaux et profonds bols où se plon- « geaient à souhait les lèvres de nos convives, « qui en aspiraient le liquide vivifiant avec un « bruit qui aurait fait honneur à des cachalots « avant l'orage. »

« Nous sommes tous ici de vrais amateurs, s'écria le maître du logis ; savourons à longs traits ce nectar, et plaignons les profanes qui n'en sentent pas le mérite. Me trouvant dernièrement, continua-t-il, à la foire de Guibrai, j'entrai, quelques instans après mon dîner, dans le café le plus renommé de l'endroit : deux riches fermiers se présentent ; ils s'asseoient en causant du marché qu'ils viennent de conclure, et demandent du café.—Garçon ! s'écrie l'un d'eux, servez-nous bien, et faites attention que nous ne sommes pas comme ces *bourgeotins* (2) *qu'en prennent du clair dans de petites tassottes; j'en*

---

(1) *Physiologie du goût.*
(2) Terme de mépris, *petit bourgeois.*

voulons deux pots, et que ce sait de l'épais. »

Nous rîmes de bon cœur du goût *raffiné* de ces deux maquignons bas-normands, la conversation se prolongea encore quelque temps. Nous nous étions mis à table à midi; huit heures du soir sonnaient lorsque nous levâmes *la séance!* On parla de regagner ses pénates : et je ne fus pas des derniers à appuyer la motion après avoir remercié notre hôte de sa bienveillante hospitalité.

Adieu. Demain je serai à Pontaudemer.

LETTRE XXII.

La maison Mauger. — La Dauphrie.— Château de Saint-Maclou. — Le Prussien polyphage.— Pontaudemer.— Ordonnances de Philippe Auguste. — Injuste punition des femmes de Pontaudemer.— Conciles.— Henri IV. — Hacqueville de Vieux-Pont.

De grand matin, comme j'en avais témoigné le désir, on m'annonça que ma monture était prête, et mon hôte eut l'obligeance de m'offrir pour compagnon de voyage un de ses amis propriétaire d'un château voisin, que ses affaires appelaient comme moi au chef-lieu de sous-préfecture. Les adieux et le départ se succédèrent rapidement, et bientôt nous atteignîmes le grand chemin et un endroit nommé *la Maison-Mauger*, situé dans un vallon étroit dont l'aspect pittoresque contraste avec la vaste plaine que nous quittions. « L'habitation que vous apercevez là-bas sur la droite, me dit mon compagnon de route, se nomme *la Dauphrie*; elle dépend de la commune de Boulleville, et appartient à M. *Legras de Bordecôte*, qui en a fait un fort agréable séjour.

« Voici le château de *Saint-Maclou*, possédé, il y a environ trente ans, par une espèce de fou qui ayant passé une partie de sa vie au service de Russie, avait eu, disait-il, de l'impératrice Catherine II la promesse positive qu'elle viendrait séjourner quelques momens dans sa terre. Le château fut augmenté en raison de ce rêve; de nombreux ouvriers y travaillaient chaque jour, mais la mort de ce seigneur mit fin à tant d'immenses travaux, et les propriétaires qui l'ont remplacé ont utilisé ses folies.

« Là-bas, dans ces arbres touffus sur la gauche, sont encore quelques castels qu'un plus long séjour dans le pays vous fera connaître. Les armées étrangères, en 1814, en ont rançonné les possesseurs; voici l'historique du régime suivi pendant une journée par un capitaine de hussards prussiens, arrivé malade dans le château de la personne de qui je tiens ces détails (1).

« Il était cinq heures du matin : le capitaine, ar-
« rivé de la veille au soir, sort de sa chambre
« pour assister à l'appel de sa compagnie; son
« lit est souillé des déjections de tous genres,
« résultat d'une orgie de la journée précédente.
« Il demande impérieusement de l'eau-de-vie;

---

(1) Au château d'Amfreville-sur-Iton, département de l'Eure, en 1814.

« trois verres lui suffisent à peine, un grand
« verre d'eau est avalé par là-dessus; un malaise
« subit lui fait désirer du thé, et coup sur coup
« douze tasses fortement sucrées ont disparu.
« A sept heures, un vaste bol de café noir et
« d'eau-de-vie prend la même route. A huit
« heures, pour calmer le feu qui dévore M. le capi-
« taine, un pot de limonade est englouti en deux
« traits, et à l'instant même une demi-bouteille
« de vin de Bourgogne lui succède. A dix heures,
« une omelette, un morceau de pain digne d'un
« manœuvre, et une demi-bouteille de vin de
« Beaune.

« Cet innocent régime n'apporte aucun adou-
« cissement au malaise de notre hussard. Le mé-
« decin de corps est appelé, et le malade prend
« à midi, par son ordre, l'émétique et deux pots
« d'eau froide.

« Une demi-heure s'écoule, et le capitaine,
« par suite de son horreur du vide, boit un
« demi-bol de vin chaud sucré. La cannelle man-
« quait; il la remplace par une décoction de
« clous de girofle, qui sont mâchés et avalés
« par lui, pour ne rien laisser perdre.

« Jusqu'à quatre heures, digestion de cet hor-
« rible mélange. On sonne le dîner du château;
« le capitaine y prend sa place, et, par continua-
« tion de régime, il mange de la soupe, du gi-

« got, du veau rôti, des épinards, de la salade,
« deux pêches, deux prunes, vin à proportion,
« et un bol de café noir mélangé d'eau-de-vie.
« Rien ne semblait arrêter la faculté digestive
« de ce polyphage; cependant à sept heures du
« soir il éprouve quelques nausées, et aussitôt
« il leur répond par une médecine noire et du
« sirop d'éther.

« Tout a passé : il est dix heures du soir; le
« médecin permet des rafraîchissans, et M. l'of-
« ficier assaisonne sa manne par quatre pêches,
« quatre poires, des pommes et une bouteille
« de vin.

« Dire que la nuit présenta les plus affreux
« résultats n'aura rien qui puisse vous étonner;
« mais ajouter que le lendemain, à cinq heures
« du matin, notre capitaine, encore chancelant
« de ses intempérances, avala tour à tour de
« l'eau-de-vie, du café, une demi-bouteille de
« vin et une médecine noire; qu'il monta à
« cheval, emportant avec lui un gigot froid, des
« pêches, des poires, une livre de beurre et une
« bouteille de vin pour faire halte avant la dî-
« née, » voilà ce qu'il vous serait impossible de
croire si le fait ne m'avait pas été assuré au
nom de l'honneur par l'hôte même du capitaine.

Mon compagnon de voyage venait d'achever
l'exposé du système hygiénique de ce moderne

Teuton, lorsque nous aperçûmes les clochers de *Pontaudemer*.

Plusieurs versions sont répandues sur l'origine de cette ville, que les habitans, par un reste d'habitude, qui s'est perpétué d'âge en âge, appellent encore *le Pontaudemer*. Voici celle qui m'a paru la plus accréditée. Vers le neuvième siècle, d'autres disent à la fin du troisième de l'ère chrétienne, un aubergiste, qui se nommait *Odemer* ou *Omer*, en latin *Odomarius*, s'était établi sur les bords de la Rille, à l'endroit où la communication était la plus fréquente, entre Rouen et Caen. Sa fortune lui ayant permis de substituer un pont aux barques de passage, plusieurs particuliers furent attirés en cet endroit par le débit facile de leurs denrées. Il se forma là insensiblement une petite ville, et ce pont, déjà bâti et connu avant elle, lui donna son nom : de *Pons Odomarius*, on a fait *le Pontaudemer*, et aujourd'hui *Pontaudemer* (1).

L'histoire mentionne parmi les premiers seigneurs de cette ville un *Turouf*, beau-frère du duc de Normandie Richard-sans-Peur, et donne à connaître que c'est vers cette époque que ce

---

(1) Extrait d'un manuscrit inédit, intitulé : *Essai sur la ville de Pontaudemer, divisé en deux parties contenant*; 1° *la description de la ville et des principaux édifices* ; 2° *l'abrégé de ses antiquités et de son histoire*. 1743.

fief relevant des ducs normands prit le titre de comté. *Onfroy-des-Vieux* le possédait à la mort de Robert-le-Diable, et il le défendit avec vigueur contre Roger de Tosni, comte de Couches, descendant de Rollon, qui se refusait à reconnaître pour souverain Guillaume-le-Bâtard. Onfroy avait envoyé contre lui son fils à la tête de ses troupes : les deux partis en vinrent aux mains ; Roger de Tosni fut battu, périt dans la mêlée, et l'on dut à Onfroy-des-Vieux, seigneur de Pontaudemer, l'affermissement du jeune Guillaume sur le trône ducal.

Pontaudemer partagea sans doute, comme les autres villes de Normandie, les vicissitudes inévitables des révolutions dont ce pays fut témoin et souvent victime dans les querelles des rois de France et d'Angleterre ; mais l'histoire garde à ce sujet le silence, jusqu'au moment où Philippe-Auguste s'empara de cette province sur Jean-sans-Terre, en 1203.

Une charte de ce monarque contient plusieurs articles relatifs à la législation de Pontaudemer, et le suivant sans doute indignera le beau sexe de cette ville contre le vainqueur de Bouvines :

« Si une femme est convaincue d'être processive et médisante, on lui passera une corde sous les aisselles, et on la jettera dans l'eau.

« Si un homme insulte une femme, il paiera
« dix sous d'amende ; mais si c'est la femme
« qui insulte l'homme, outre l'amende de dix
« sous, elle sera jetée dans l'eau (1). »

Des méchans concluraient de là que l'humeur processive et la médisance des habitantes de Pontaudemer est de toute antiquité; mais nous avons les preuves du contraire, et nous ne voyons dans ces mesures injustes et peu chevaleresques qu'un reste des lois anglaises, d'après lesquelles, de nos jours encore, des maris n'ont pas honte, lorsqu'ils sont mécontens de leurs compagnes, d'aller les vendre en plein marché et la corde au cou.

Trois conciles dans le treizième siècle, et un dans le quatorzième, ont été tenus à Pontaudemer : celui de 1276 interdit la chasse aux prêtres; l'on reconnaît dans celui 1279, sous Philippe-le-Hardi, ce cachet de vexations et de tourmens imposés à ceux qui avaient alors le malheur d'être juifs. « Il leur est ordonné, y est-il dit,
« de porter sur eux un signe qui les distingue
« des chrétiens, et il est défendu aux chrétiens
« de servir les juifs ou d'habiter avec eux. »

La France avait vu de l'artillerie pour la première fois à la bataille de Crécy; la Normandie

---

(1) Résumé de l'Histoire de Normandie, par Léon Thiessé.

apprit à la connaître au siège de Pontaudemer, dont Duguesclin s'empara sur les Anglais ayant dans leur parti le roi Charles-le-Mauvais (1378).

Par sa situation sur la Rille, et sa communication avec la Seine, Pontaudemer fut pendant long-temps une des cités importantes de la province. Les Anglais regardaient comme un grand avantage d'en être les maîtres ; ils la reprirent, et la gardèrent jusque sous le règne de Charles VII, que Dunois vint l'assaillir à la tête des troupes royales : « Et là, dit une vieille « chronique, il y eut de belles armes faites d'un « côté et d'autre, ledit assaut fut commencé du « côté de vers Honnefleu et de la rivière de « Rille, lequel dura longuement, mais en la fin, « se rendit la dite ville, et lors se retrairent les-« dits Anglais en une forte maison au bout de « la dite ville ; lesquels étoient quatre cent vingt, « dont étoient chefs *Foucques Éthon* et *Monfort* « trésorier de la Normandie, qui en ce jour se « rendit au comte de Dunois. »

Un siècle s'était écoulé, les Anglais avaient quitté la France, mais une guerre de religion divisait les Français ; le parti des protestans, commandé par le prince de Condé, rappela pour le secourir les habitans de la Grande-Bretagne ; ceux-ci exploitèrent la Normandie, assiégèrent Pontaudemer, s'en emparèrent, et massacrèrent une grande partie des habitans.

Henri IV parut enfin sur le trône. Pontaudemer se soumit au Béarnais, qui, croyant pouvoir compter sur le dévouement d'un seigneur nommé *Hacqueville-de-Vieuxpont*, lui donna le gouvernement de cette cité. A peine ce modèle des louvoyeurs vit-il faiblir le parti du bon Henri, qu'oubliant les protestations de dévouement qu'il lui avait faites, il livra Pontaudemer au duc de Mayenne, en obtenant de garder son gouvernement pour prix de sa trahison ; mais le félon avait mal spéculé, et la France bientôt fit son entière soumission au Bourbon. Une amnistie générale fut proclamée : Haqueville sut encore si bien se replier, qu'il gagna la confiance du maréchal de Biron, envoyé pour pacifier la Normandie, et resta gouverneur de la place.

Les auteurs de la satire *Ménippée* n'ont pas perdu de vue cet homme lâche et versatile, et ils l'ont à tout jamais flétri, en disant : « Ayez le « front ulcéré et le visage honni comme l'infi- « dèle gardien de Pontaudemer, et il vous sera « advis que vous serez prud'homme et riche. »

J'allais vous parler de quelques personnages dont l'illustration rejaillit sur cette ville ; mais déjà ma lettre est trop longue : je m'en occuperai demain.

LETTRE XXIII.

Couvent des carmes de Pontaudemer. — Frère Nicole le Huen et son voyage. — Pierre le Lorrain. — Le général Delannay. — Commerce de Pontaudemer. — Culture des pommiers. — Anciens vins de Normandie. — La pomme et le raisin.

PONTAUDEMER renfermait au quinzième siècle un couvent de religieux du mont Carmel, où beaucoup de Normands venaient faire des vœux. L'un d'eux, *Nicole le Huen*, natif de Lisieux, y passa plusieurs années sans qu'on le distinguât; enfin son mérite et une instruction rare pour le temps où il vivait se firent jour hors de l'enceinte de son couvent; il fut choisi pour prêcher devant la cour, y obtint des succès; et Charlotte de Savoie, femme de Louis XI, le nomma son confesseur et son chapelain. Mais la mort de sa bienfaitrice (1) obligea Nicole le Huen à retourner dans son cloître à Pontaudemer; il y resta trois années, mûrissant chaque jour le

(1) 1483.

projet d'un voyage en terre sainte, et il l'entreprit en 1487.

Parti de cette ville au mois d'août, il traversa la France à pied, passa à Turin, s'embarqua à Venise, visita Corfou, Rhodes, Chypre, arriva à Jérusalem, et en revint en s'arrêtant à Alexandrie, à Rosette, à Naples et à Rome.

Depuis dix-huit ans seulement, l'art typographique florissait en France; Nicole le Huen, à son retour, fit imprimer à Lyon la relation de son voyage, en lui donnant pour titre *Saintes Pérégrinations de Jérusalem et des lieux prochains du mont Sinaï et de la glorieuse Catherine*. Quelques aperçus de mœurs assez curieux sur les pays qu'il traverse, un précis de la vie de Mahomet, une description du siège de Constantinople par les Turcs en 1452, et beaucoup de détails oiseux, composent le fond de cet ouvrage, où l'auteur a semé de nombreux lazzis. Je vous en ferai grace; mais je veux vous donner une idée de la poésie du carme de Pontaudemer. Je choisis le morceau qui termine sa relation; c'est une recette rimée pour indiquer aux pèlerins le moyen de se préserver, pendant le trajet sur mer, de toute espèce d'insectes :

Souvent arrive aux pèlerins tretous,
Que en brief tems ils seront pleins de pous.

Cela procède de l'humeur
Qui vient du corps et de sueur,
Et de la poudre du navire,
Et faute de baing, est le pire.
Quand cela vient, face cataplasmer,
Ou oindre tretout son corps sans rien blâmer,
De vif argent éteint en l'huile d'olive,
Avec longue aristoloche,
Et de cela dedans le baing fort bien frotter,
Tant que demeure en netteté.

On voit qu'il y avait loin encore de cette poésie à celle que cultivait alors le Normand Jean Marot; mais cet ouvrage n'en est pas moins précieux à plus d'un titre, puisque, outre sa rareté actuelle, il prend rang parmi les curiosités bibliographiques, comme étant le premier livre en France dans lequel on ait intercalé des gravures sur cuivre (1).

Si la ville de Pontaudemer n'a pas donné naissance à des hommes bien marquans, elle se glorifie pourtant de quelques petites réputations,

(1) Deux éditions de cet ouvrage sont connues des bibliographes : la première, qui est de 1488, imprimée à Lyon in-folio, par *Topie de Pymont* et *Jacques Heremberg*, est la meilleure et la plus recherchée, elle renferme les premières gravures sur cuivre insérées en France dans un livre imprimé. La bibliothèque royale de Paris en possède un fort bel exemplaire.

La deuxième édition est de 1517, in-4, et a moins de prix que la première.

qui, pour ainsi dire, se consomment dans le pays. De ce nombre est

Pierre-le-Lorrain, sieur de Vallemont, mort en 1721, prêtre instruit qui a laissé plusieurs ouvrages, parmi lesquels on cite : — *la Physique occulte*, ou *Traité de la baguette divinatoire*, — *les Élémens de l'histoire*, — un *Traité du secret des mystères*, ou *Apologie de la rubrique des missels qui ordonnent de dire secrètement la messe*, — quelques *Dissertations sur les médailles*.

On cite aussi dans la carrière militaire Charles-Nicolas-Adrien de *Lannay*, général de brigade tué à Mondovi en 1796, dans le moment où il venait d'enlever cette place de vive force avec la garnison de Cosni, dont la défense lui était confiée par le général Moreau.

Je laisse à ceux qui entreprendront une description spéciale de cette cité, le soin de parler de l'époque où furent fondées ses fortifications, dont on voit encore quelques restes; de nombrer les anciens couvens et les églises; de détailler les réceptions faites par les habitans à saint Louis revenant de l'abbaye du Bec en 1256, et repassant en cette ville en 1269; à Louis XI, qui l'honora de sa présence à son retour du mont Saint-Michel; à Charles VIII, qui la traversa lorsqu'il venait du même pèlerinage; à Louis XIII, en 1620, lorsque, venant de Rouen, il allait assiéger la ville de Caen. Pour moi, mon ami, qui ai encore à vous parler de beaucoup d'autres choses, je vous dirai qu'ayant terminé les affaires qui m'appelaient ici, je suis parti ce matin, emportant de Pontaudemer l'idée d'une ville dont l'intérieur n'a rien de remarquable, mais dont les environs sont vraiment séduisans, soit qu'on parcoure des prairies qu'arrosent les bras de la Rille, soit qu'on monte aux avenues de *Bonnebos*, pour admirer de là l'aspect vraiment pittoresque de la vallée.

La population de Pontaudemer, forte d'environ six mille ames, est particulièrement occupée à la préparation des cuirs, dont elle fait un commerce considérable avec la France et l'étranger.

De bonnes manières et de l'urbanité me paraissent régner dans la société de cette ville. On m'avait donné une lettre de recommandation pour monsieur et madame Pl..... Je doute qu'une habitation puisse être mieux tenue que la leur, et que l'accueil d'une famille entière soit plus gracieux et plus rempli d'obligeance.

J'avais promis depuis long-temps d'aller voir un de mes voisins, homme instruit et agronome distingué, mais enthousiaste au souverain degré pour la culture des pommiers. Je passai chez lui en retournant à la Pommeraye, et je le surpris, au milieu de ses vergers, faisant émousser ses arbres, et présidant à la récolte de ses pommes à cidre : « Soyez le bienvenu, me dit-il; vous me voyez au milieu de mes occupations favorites :

.... De pommes couronnée,
Pomone vient remplir l'attente de l'année ;
Des rameaux ébranlés je vois le fruit pleuvoir,
Je vois l'amas vermeil grossir dans le pressoir,
Les cuves, les tonneaux, et la meule pesante
Qui broye en tournoyant la récolte odorante (1).

« Nous allons déjeuner, continua-t-il; mais je veux d'abord que vous examiniez mes plantations, et que vous jugiez du soin constant que j'y apporte. J'ai, me dit-il, classé mes vergers par espèces : ici est le *bedane*, dont la pomme est douce et le cidre estimé; là, la *peau de vache*, qui ne lui cède en rien; voici le *muscadet*, dont la boisson est exquise; le *doucet*, dont la pomme, agréable au goût, tempère dans la cuve l'acidité de *l'ameret*; voilà le précieux plant du *matois*, et plus loin le *marin onfrai*, ainsi nommé d'un gentilhomme normand qui l'apporta de Biscaye. Si vous aviez plus de temps à me donner, je vous ferais admirer mes poires de *rouillard*, de *bois-jé-*

---

(1) Castel, poëme des plantes.

rôme, de *vignolet* (1), et tant d'autres; mais on nous prévient que le déjeûner est servi; ne laissons rien refroidir.

« Ne croyez pas, me dit-il, en nous mettant à table, que la boisson des Normands ait toujours été le cidre; ils récoltaient du vin dans beaucoup de cantons jusqu'au milieu du seizième siècle; mais, à la suite d'une disette qui accabla la France (2), on en attribua la cause à la trop grande abondance de terrain planté en vigne, Charles IX ordonna que désormais on ne pourrait consacrer à cette culture que le tiers de la superficie du sol, et il fut enjoint d'arracher le surplus. Le climat froid de la Normandie n'était pas déjà très favorable aux vignobles; et si l'amour du pays faisait trouver supportables les vins d'*Argence*, d'*Avranches*, d'*Oudales* près d'*Orcher*, et de *Saint-Wandrille*, du *Bec*, de *Jumièges*, on citait aussi des plants dont l'affreuse âpreté n'avait rien de regrettable, et de ce nombre était un vin de *Colinhou*, dans le pays de Caux, dont une vieille chanson dit:

> Du colinhou ne beuvez pas,
> Car il meine l'homme au trépas.

---

(1) Voyez l'ouvrage intitulé du *Pommier*, etc., par Louis Dubois. 2 vol. in-12, 1804.

(2) 1566.

« C'est donc depuis Charles IX que la pomme a totalement pris ici la place du raisin ; le cidre, quoique fort anciennement connu, puisque la reine Brunehaut, disent les vieilles chroniques, en faisait un usage habituel, passa insensiblement de mode, et l'on ne recommença à en boire que sous le règne de Henri III: encore était-il fort rare à Paris, comme nous le prouve une lettre de *Guy-Patin*, qui dit, en parlant de *Paulmier de Grantemesmil*, originaire de Normandie, médecin du duc d'Anjou (devenu depuis Henri III): « Ce Normand raffiné, voyant bien
« que le peuple de Paris ne connaissait pas le
« cidre, en faisait venir par bouteilles en cette
« ville; il y mettait tremper du séné, et ainsi
« faisait des apozèmes laxatifs et de petites mé-
« decines, qu'il vendait un écu la pièce, comme
« un grand secret. Il devint riche en peu de
« temps: il y avait un peu de charlatanerie dans
« la manière dont fut acquise sa fortune; car
« vous savez comme moi qu'un homme qui est
« à la fois *Normand* et *médecin* a deux puissans
« moyens pour devenir charlatan. »

« La culture des pommiers et des poiriers, continua mon enthousiaste agriculteur, emporte une grande partie de mon temps, et la boisson que je récolte a été soumise, par moi, à des épreuves multipliées, pour obtenir des résultats plus avantageux à moins de frais. Je crois avoir réussi à donner à mon *gros* et à mon *petit* cidre les trois qualités essentielles du goût, de la couleur et de la durée : c'est vraiment, comme on dit ici, du *parfait bon boire*; et Lecordier, dans son poëme du *Pont-l'Évêque*(1), n'aurait pas manqué de répéter :

> Le petit sidre est un breuvage
> Merveilleusement en usage,
> Qui ne dégoûte nullement;
> Aussi vaut-il mieux au malade
> Que la ptisane assurément
> Et la meilleure limonade.
>
> Il amortit le trop de flammes,
> Il maintient l'embonpoint aux dames
> Par lui leurs teints sont embellis;
> Car comme en un beau jardinage
> L'air et l'eau nourrissent les lis,
> Il nourrit ceux de leur visage.
>
> Le gros sidre met la couleur
> Parmi la trop grande blancheur;
> C'est lui qui fait naître les roses,
> Et pour rendre nos yeux contens,
> Humide et chaud il fait les choses
> Que fait aux jardins le printemps.

« Voici, continua mon voisin, dont la mémoire

---

(1) J'ai déjà parlé de ce singulier poëme, page 232.

et la poitrine étaient inépuisables, comment je m'y prends pour confectionner mon cidre.... » Mais depuis long-temps nous avions fini de déjeuner, je me vis embarqué dans une dissertation sans fin :— « Mon voisin, lui dis-je aussitôt, j'ai de fort mauvais chemins à parcourir avant le coucher du soleil; permettez que nous remettions à ma prochaine visite les détails curieux que vous alliez me faire connaître. — Eh bien! soit, me dit mon brave campagnard en me reconduisant jusqu'aux confins de sa propriété; je profiterai alors de la circonstance pour vous lire tous les mémoires que je dois publier à ce sujet; et je vous convaincrai que le bon cidre vaut mieux que le meilleur vin. »

Je crois qu'il aura de la peine. Vous serez sans doute de mon avis.— Adieu.

LETTRE XXIV.

Abbaye de Grestain. Sa fondation. — Histoire d'Arlette et de Robert-le-Diable. — Odon. — Robert. — Muriel. — Tombeau d'Hellouin et de la mère de Guillaume-le-Conquérant. — La ronde nationale de Falaise.

Depuis long-temps j'avais projeté d'aller voir les restes de l'abbaye de Grestain, et chaque fois des motifs différens m'en avaient empêché; mais ces jours derniers enfin, nous avons été contempler l'enceinte où repose la mère de Guillaume-le-Conquérant.

Tout porte à croire que dans le temps où le christianisme fut établi en Normandie par ses premiers ducs, le rivage où se trouve aujourd'hui Grestain (1) vit s'élever une chapelle fréquentée des marins et des voyageurs, qui venaient y implorer les secours de la mère de Dieu. Mais les Normands comptaient encore parmi eux des mé-

---

(1) Ce nom vient des deux mots anglais *great stone*, qui signifient gros rocher, à cause de ceux que l'on voit sur le rivage.

créans en grand nombre, qui se refusaient à adopter un culte nouveau. La chapelle cessa d'être fréquentée, et déjà elle tombait en ruines, lorsque Hellouin, comte de Conteville, reçut par une révélation céleste, comme je vous l'ai dit déjà dans une de mes précédentes lettres, l'ordre de la reconstruire. « Tu iras à ton réveil, « lui dit la Vierge, sur cette partie de la rive où « sont épars de nombreux rochers. Non loin de « là, près d'une fontaine, existent des ruines « d'une chapelle qui me fut consacrée, et que l'im- « piété des habitans a laissée s'écrouler; tu la re- « lèveras, et un ecclésiastique que tu y enverras « viendra y desservir mon autel. A ce prix, je te « promets guérison. » Le comte, à son réveil, reconnut l'endroit indiqué, construisit le sanctuaire, et la santé lui revint. Dès lors, plein de cette foi que la disparition de son mal rendait ineffable, il éleva près de la chapelle, du consentement de Guillaume, alors duc de Normandie (1), une abbaye sur les fondations de laquelle Hugon, évêque de Lisieux, vint répandre sa bénédiction.

Cependant Guillaume, à son départ pour l'Angleterre, ayant appelé près de lui son beau-père Hellouin, celui-ci chargea la belle *Arlette* sa

---

(1) 1040. Voyez NEUSTRIA PIA, article *Grestanum*.

femme de pousser avec activité pendant son absence la construction du monastère, puis il s'embarqua. Laissons-le suivre le duc, et disons quelques mots de cette Arlette déjà célèbre, qui présidait, sans s'en douter, à la construction de son tombeau.

Le roi Edmond Côte-de-Fer, de la race des Anglo-Saxons, qui régnait en 1017 sur l'Angleterre, eut de sa femme Algithe deux fils, Edward et Edmond, et une fille dont l'histoire tait le nom à cause de ses déréglemens. En vain le roi avait fait succéder les ordres aux conseils ; sa fille persistait à déshonorer par son inconduite les approches du trône. On engagea le monarque à la faire enfermer. Il l'aimait, s'y refusa ; mais plus tard, ne pouvant supporter sous ses yeux ses débordemens multipliés, il lui ordonna de quitter le royaume. Son séducteur, nommé *Verprey*, pelletier de la cour, qui déjà avait su se dérober à la colère du roi, alla rejoindre la jeune princesse en Normandie, où elle s'était retirée. Ils eurent successivement trois enfans, et tous cinq ils vécurent, pendant plusieurs années, des aumônes qu'ils sollicitaient de ville en ville.

Enfin un sort trop cruel cessa de les poursuivre. Étant venus à bout d'amasser un peu d'argent, ils s'établirent à Falaise, et le pelletier reprit son premier état. Ses filles grandissaient, l'aînée, du nom d'Herlève (1), était déjà d'une beauté remarquable, lorsque Robert, duc de Normandie, qui était venu passer quelque temps au château de Falaise, se promenant un jour sur les terrasses de ses donjons, aperçut dans la ville des jeunes filles folâtrant au bord de la rivière, où elles venaient laver leurs vêtemens. L'une d'elles, grande et jolie, fut surtout remarquée du duc.

> Des piés et des jambes parurent,
> Qui si très beaux et si blancs furent,
> Que ce fut bien au duc advis,
> Que neifs ert pâle eflor de lys (2),
> Avers la soe grant blanchor (3),
> Merveille i torna s'amor (4)*.

Le duc Robert ne voulut point s'en rendre maître par autorité.

« Il la volt avoir, dit une vieille chronique, à

---

(1) Le mot *Herlève* est composé de deux mots danois, *her* éminent, et *leve* chérie (Voyez Thierry, *Histoire de la Conquête des Normands*.) De ce mot on a fait depuis *Arlette;* et quelques-uns ont prétendu que de là venait chez les Anglais ce mot qui signifie concubine : selon d'autres, le nom d'*Arlette* ou *Arlotte* n'était autre chose que le diminutif de Charlotte.

(2) Que la neige était terne ainsi que les fleurs de lis.

(3) En comparaison de sa grande blancheur.

(4) Il en fut si émerveillé qu'il en tomba amoureux.

* Ces vers sont extraits du roman de *Rou*, de Robert Wace, poète Normand du douzième siècle.

« amie, et la requit moult affectueusement à
« son père. Cette requête le père de prime face
« ne volt accorder, et toutefois fut du duc tant
« prié et requis, que par la très-grant amour et
« affection qu'il vit que le duc avait à sa fille, il
« y mit son consentement au cas qu'elle le vousît
« accorder, et elle répondit à son père : Mon
« père, je suis votre enfant et géniture ; vous
« pouvez de moi ordonner à votre bon plaisir,
« je suis prête à vous obéir; et quand le duc sut
« cette réponse, si en eut moult grande joye.

« La nuit venue, elle fut menée et convoyée
« jusques au duc, et quand ils orent parlé en-
« semble tant et si longuement qu'il leur plut,
« Arlette se va endormir, et le duc la laissa re-
« poser et commença à penser à moult de choses ;
« et si, comme il pensait, la jeune dame va tres-
« sajllir et jeter un moult haut soupir. Le duc la
« trait à lui, et lui demanda ce qu'elle avait :
« Monseigneur, dit-elle, je songeais et ai songé
« que de mon corps issait un arbre vers le ciel,
« si grand que toute Normandie et Angleterre en
« étaient couvertes. — C'est bien, dit le duc, n'en
« ayez paour.

« Quand vint le temps que nature requiert,
« Arlette eut un fils qui fut nommé Guillaume,
« et fut nourri au château de Falaise. »

Cependant Robert-le-Diable partit pour la

Terre-Sainte, en laissant le trône ducal, s'il venait à mourir, au fils d'Arlette, qu'il fit reconnaître (1) pour son héritier. Peu de temps après, on sut que le duc avait terminé ses jours à Nicée en Bithinie, et Guillaume fut proclamé son successeur. Plusieurs seigneurs s'y opposèrent les armes à la main. Un comte d'Hiesmes (près de Seez) fut des plus rebelles; mais assiégé dans son château, et forcé de se rendre à discrétion, il n'eut la vie sauve qu'au prix de son comté, qui fut confisqué à tout jamais. Sur ces entrefaites, Hellouin, seigneur de Conteville, épousa à Caen la belle Arlette, alors âgée d'environ trente ans, du consentement de Guillaume, qui accorda à sa mère, à titre de dot, la moitié des biens du comte d'Hiesmes.

Seize années s'écoulèrent. Ces époux avaient eu deux fils, *Odon* et *Robert*, et une fille *Muriel*, mariée par suite en Angleterre à un comte d'Albermale. L'aîné de leurs enfans avait parfois témoigné son goût pour l'état ecclésiastique; le siège épiscopal de Bayeux venait de vaquer; ils le demandèrent et l'obtinrent pour *Odon*, âgé de dix-sept ans, ainsi que la dignité d'abbé de *Grestain*, bien que l'abbaye ne fût pas encore totalement construite.

(1) 1035.

Le comte de Conteville mourut vers 1088, et fut enterré dans le monastère qu'il avait fondé. La comtesse, qui lui survécut peu de temps, fut placée près de lui dans la même tombe. Rien ne subsiste plus de nos jours du cercueil de celle par qui vingt-quatre souverains régnèrent pendant cinq cents ans sur l'Angleterre.

Si les traces du tombeau d'Arlette ont disparu, sa mémoire n'a pas été oubliée des Normands, et les habitans de Falaise la célèbrent encore de nos jours dans une ronde vive et gaie, par laquelle je termine ma lettre.

Air : *De la Boulangère.*

De Guillaume-le-Conquérant
    Chantons l'historiette ;
Il naquit, cet illustre enfant,
    D'une simple amourette.
Le hasard fait souvent les grands.
    Vive le fils d'Arlette !
    Normands,
    Vive le fils d'Arlette !

Fille d'un simple pelletier.
    Elle était gentillette ;
Robert en galant chevalier
    Vint lui conter fleurette :
L'amour égale tous les rangs.
    Vive le fils d'Arlette !
    Normands,
    Vive le fils d'Arlette !

Falaise dans sa noble tour
　　Vit entrer la fillette,
Et c'est là que le dieu d'amour
　　Finit l'historiette.
Anglais, honorez ces amans !
　　Vive le fils d'Arlette !
　　　Normands,
　Vive le fils d'Arlette !

LETTRE XXV.

Odon, premier abbé de Grestain. — Vie turbulente de ce prélat. — Tombeau de Robert comte de Mortain. — Désordres effrayans dans l'abbaye de Grestain. — Abbés commendataires. — M. de Boismont. — M. de Tilly. — L'abbé d'Albiac. — Charles VII à Grestain. — Saint-Ouen de Grestain. — Dernières ruines de l'église de cette abbaye. — Fin.

L'ABBAYE de Grestain, de l'ordre de saint Benoît, compta parmi ses supérieurs des personnages trop remarquables pour les passer sous silence. Le premier abbé (1) fut cet Odon déjà cité dans ma dernière lettre, fils du comte de Conteville. Évêque de Bayeux à dix-sept ans, il en avait trente-deux lorsqu'il accompagna Guillaume dans sa conquête de l'Angleterre. « De bien « matin, disent les chroniques, sur le point de

(1) L'ouvrage intitulé NEUSTRIA PIA n'affirme pas qu'il fut premier abbé de Grestain, mais beaucoup d'autres ouvrages le citent comme tel; et de ce nombre est l'histoire des conciles de Normandie, par *Dom Pommeraye*.

« livrer la bataille d'Hastings, tous les Normands
« ouïrent messe en grand dévotion. Odon, évêque
« de Bayeux, qui était frère du duc par mère, la
« chanta, puis monta en un échafaut, et prêcha
« devant tout le camp du duc, et leur dit et con-
« seilla qu'ils vouassent à Dieu s'il leur donnait
« victoire, que jamais de chair ne mangeraient
« à tel jour comme il était pour lors, laquelle
« chose les Normands vouèrent à Dieu. »

Lorsqu'il eut fini sa harangue, porté par un blanc coursier, un haubert par-dessus son rochet, armé d'une lance, il chargea l'ennemi, et contribua par sa valeur au succès de la journée. Le lendemain il reprit l'étole, et chanta une messe funèbre pour le salut de ceux que ses armes avaient immolés.

Guillaume, pour récompense, lui donna la ville de Douvres, et l'évêque en distribua les habitations à ses guerriers et à ses gens.

Au bout de six mois de séjour en Angleterre, le conquérant, retournant en Normandie, confia la lieutenance de son pouvoir royal à son frère Odon; mais celui-ci, accablant les indigènes d'exactions et de mauvais traitemens, occasiona des révoltes qu'il eut beaucoup de peine à apaiser. L'immense pouvoir dont jouissait alors ce prélat stimula son ambition; il prétendit à la papauté. Des devins italiens payés par lui prétendirent qu'il succéderait à Grégoire VII ; le bruit s'en répandit de toutes parts. Odon fit acheter à Rome un palais, envoya de riches présens à ceux qui pouvaient lui être favorables, chargea de lettres et de dépêches les pèlerins de Normandie et d'Angleterre; puis il engagea de vaillans chevaliers normands à l'accompagner en Italie.

Le roi Guillaume, qui était encore en Normandie, fut prévenu de ces préparatifs; ils lui déplurent, et, mécontent de voir son frère aspirer à la papauté, il s'embarqua pour l'Angleterre dans le dessein de s'opposer à son départ. Le hasard lui fit rencontrer en mer, à la hauteur de l'île de Wight, le bâtiment qui portait Odon ; il le fit arrêter, assembla les chefs normands dans cette île, et accusa devant eux l'évêque d'avoir abusé de son pouvoir, d'avoir maltraité les Anglo-Saxons outre mesure, au grand danger de la cause commune, d'avoir spolié les églises, et enfin d'avoir tenté de séduire et emmener hors de l'Angleterre les guerriers sur la foi desquels repose le salut des conquérans. « Considérez ces griefs, dit le roi à l'assemblée, et apprenez-moi comment je dois agir envers un tel frère? » Personne n'osa répondre. « Qu'on l'arrête donc, reprit Guillaume, et qu'on l'enferme sous bonne garde. » — Aucun des assistans n'osa mettre la main sur l'évêque. Le roi s'avança, et le saisit par ses vêtemens. « Je suis clerc, s'écria Eudes (1); je suis le ministre du Seigneur, le pape seul a le droit de me juger. » Mais Guillaume, sans lâcher prise : « Ce n'est point un clerc que je juge, répondit-il, c'est mon serviteur que j'arrête. » Il fut aussitôt conduit en Normandie, enfermé dans une forteresse, et il y resta jusqu'à la mort du conquérant.

A cette époque, il vint se retirer pendant quelque temps dans son abbaye de Grestain. On crut qu'il était fatigué de la turbulence de sa vie passée; l'on admirait la dévotion dont il faisait parade, lorsqu'on apprit qu'il venait de partir pour l'Angleterre, où il allait soutenir contre le roi Guillaume-le-Roux les droits de Robert-Courte-Cuisse. Il s'y enferma dans la ville de Rochester; mais assiégé avec vigueur, il fut obligé de capituler, et obtint de sortir avec armes et bagages. Les Anglais de l'armée royale, en le voyant passer, se mirent à crier : *Qu'on apporte des cordes, nous voulons pendre ce traître d'évêque avec tous ses complices. O roi, pourquoi le laisses-tu ainsi se retirer sain et sauf? il n'est pas digne de vivre, le fourbe, l'assassin, le meurtrier de tant de milliers d'hommes.*

C'est au bruit de ces imprécations que sortit

---

(1) Les historiens le nomment indifféremment Eudes ou Odon.

d'Angleterre, pour n'y jamais rentrer, le prélat qui avait béni l'armée normande à la bataille d'Hastings.

De retour en France, il revint dans son abbaye de Grestain; mais il n'y passa que peu de momens, et voulant, à quelque prix que ce fût, marquer dans les affaires du temps, il consentit à sanctionner aux pieds des autels le mariage illégitime de Philippe I*er*, roi de France, et de Bertrade de Montfort, ne craignant pas d'avilir son ministère en consacrant, à la face de l'Église, un double adultère moyennant quelques revenus que le roi lui donna.

Enfin, jugeant à propos, sans doute, d'expier sa turbulente vie par un acte authentique de pénitence, il partit pour aller rejoindre en Palestine les pèlerins de la première croisade, et mourut en route, à Palerme en Sicile, l'an 1098.

Le monastère de Grestain, qui, pendant les fréquentes absences de l'évêque Odon, avait reçu des largesses nombreuses de son frère *Robert comte de Mortain*, recueillit, en 1090, les dépouilles mortelles de ce seigneur, ainsi que celles de son épouse Mathilde, fille de Roger comte de Mont-Gommery. L'abbaye, depuis ce moment, subit le sort de la province de Normandie; et, après avoir été ruinée en grande partie par les contributions énormes que le

roi d'Angleterre, Henri Beauclerc, lui fit supporter (1) à la suite de la bataille de Tinchebray, elle se vit presque totalement détruite par un incendie qui la consuma en 1122. Cependant la charité des princes et des sujets ne sommeilla pas, l'abbaye fut reconstruite, et depuis ce moment le nombre de ses moines alla en augmentant chaque jour. Mais la multitude amena le relâchement dans la discipline; et un supérieur nommé Guillaume, ancien moine de l'abbaye du *Bec*, ne trouvant plus moyen de remédier à tant d'inconduite, abandonna ses religieux, en 1179, et se retira en Angleterre. En vain le prélat qui siégeait à Lisieux, Arnolphe, l'engagea à revenir; il s'y refusa constamment, et, le désordre croissant de plus en plus, l'évêque jugea à propos d'en prévenir le pape Alexandre III. « Non-seulement, lui écrivait-il (2), les
« moines oublient leurs devoirs religieux, mais
« ils se sont encore rendus coupables de toute
« espèce de crime; ils se sont battus à coups de
« couteau dans le cloître, ils ont plongé de
« force une femme malade dans l'eau glacée de
« la fontaine, au cœur de l'hiver, sous prétexte
« qu'ils la guériraient si elle soutenait sept fois

(1) 1106.
(2) En 1159.

« la même immersion, et l'ont fait expirer entre
« leurs mains.

« Le cuisinier de l'abbaye, voyant dernière-
« ment qu'un des moines fréquentait trop sou-
« vent sa femme, lui en fit des reproches; on
« s'emporta; des discussions on en vint aux in-
« jures, puis aux voies de fait; et le frère, sai-
« sissant un énorme pilon qui tomba sous sa
« main dans la cuisine où se passait la scène, en
« assena un coup si violent sur la tête du cuisi-
« nier, qu'il fit jaillir son sang dans les plats voi-
« sins déjà préparés pour le dîner du couvent (1).

« Un autre moine, récemment encore, après
« s'être enivré dans le réfectoire à la suite du
« repas, a frappé de son couteau deux frères qui
« l'ont assommé à coups de bâton.

« Je vous demande donc, après avoir dispersé ces
« esprits turbulens dans différens monastères, de
« permettre que celui de Grestain ne contienne
« plus que des chanoines réguliers. »

(1) L'abbaye de Grestain, une vingtaine d'années avant sa destruction, possédait, m'a assuré M. de P....., témoin oculaire, un garde-manger digne de Lucullus : dans un long couloir orienté de la manière la plus convenable, et aéré des deux bouts, pendaient aux crochets les provisions; tandis que dans le bas une source, qui en parcourait toute la longueur, permettait d'engraisser et de conserver tous les poissons d'eau douce. A une des extrémités du garde-manger était un réservoir d'eau salée où le poisson de mer encore vivant était déposé avant de paraître sur la table des moines.

Le pape accorda la demande de l'évêque : le couvent fut réformé (1); de nouveaux abbés furent élus; et, sous l'un d'eux, en 1364, les Anglais s'en emparèrent et le détruisirent.

Reconstruite long-temps après, cette abbaye, qui avait compté jusqu'à deux cents moines à la fois, n'en possédait plus que vingt-trois au milieu du quinzième siècle (2). C'est vers cette époque qu'elle reçut de ces abbés commendataires qui, selon un auteur moderne, « avaient de la consi-« dération, de l'argent, pas de supérieurs, et rien « à faire.»

Je n'irai pas abuser de votre intérêt en vous donnant le nom de tous les abbés par lesquels fut gouvernée l'abbaye de Grestain; l'ouvrage intitulé *Neustria pia* vous satisfera à cet égard :

(1) En 1186.
(2) Il y eut parmi les abbés de Grestain des évêques de Lisieux, de Bayeux et d'Évreux. Le revenu de l'abbaye de Grestain, si l'on en croit le Dictionnaire géographique de Vosgien, édition de 1779, était alors de 6,000 francs par an. Les revenus des différens diocèses de Normandie sont fixés ainsi qu'il suit dans l'almanach historique de la ville de Sens, pour l'année 1785 :

Archevêché de Rouen...	100,000 francs.
Évêché d'Avranches...	15,000
Coutances...	35,000
Bayeux...	90,000
Lisieux...	50,000
Évreux...	28,000
Seez...	16,000

vous remarquerez seulement qu'on y distingue entre autres un Guillaume *Vavasseur de Beuzeville* (1), et un Jean *de Fatouville* (2), originaires tous deux probablement des communes de ce nom dont je vous ai déjà parlé.

Sous le règne de Louis XV, l'abbé commendataire de Grestain fut M. *de Boismont*, né en 1715, près de Rouen, d'une famille ancienne, mais fort pauvre; il s'acquit, par son éloquence dans la chaire, une réputation qui le fit nommer prédicateur ordinaire roi, et lui ouvrit les portes de l'académie (3). Aux talens d'orateur, il joignait ceux de poète; on va même jusqu'à dire qu'il se permettait de jouer parfois la comédie, où il excellait dans les rôles de Crispin. Quelque temps avant sa mort, l'abbé Maury, espérant lui succéder à l'académie française, vint le voir à plusieurs reprises, et amenait toujours la conversation sur la jeunesse de M. de Boismont.

(1) En 1308.
(2) En 1502.
(3) Né en 1715, il fut membre de l'académie en 1755, et mourut à Paris le 20 décembre 1786, âgé de 71 ans. Ses œuvres ont été recueillies en un volume, contenant un *discours à l'académie*, un *panégyrique de saint Louis*, une *oraison funèbre du Dauphin*, une de *Marie Lecksinska*, une de *Louis XV*, une de *Marie Thérèse*; et un *sermon* prêché dans une assemblée de charité. L'abbé de Boismont était propriétaire de la terre de *Landin*, citée dans une lettre précédente.

« L'abbé, lui dit celui-ci qui s'en aperçut, *vous me prenez mesure*, » indiquant qu'il jugeait bien qu'on cherchait des matériaux pour son éloge. L'abbé de Boismont, quoique riche bénéficier, n'aimait pas à payer ses dettes. Voici ce qu'on lit à ce sujet dans l'Abrégé des mémoires historiques de Bachaumont (1er vol., pag. 28.) : « M. l'abbé de Boismont ne paie point ses dettes. Un certain doyen de Valenciennes, auquel il doit une pension sur une abbaye qu'il a, ne pouvant arracher rien de ce gros bénéficier, est venu en personne exiger son dû. Ayant demandé où demeurait cet abbé, il s'est fait une méprise; et au lieu de lui donner l'adresse de M. l'abbé de Boismont, on l'a envoyé chez l'abbé de Voisenon, à Belleville. N'ayant pas trouvé ce dernier, M. le doyen a laissé un billet qui expliquait la cause de sa venue; sur quoi l'abbé de Voisenon a répondu par la lettre suivante, qui court aujourd'hui tout Paris :

« Je suis fâché que vous ne m'ayez pas trouvé, « monsieur ; vous auriez vu la différence qu'il y « a entre M. l'abbé Boismont et moi. Il est jeune, « et je suis vieux; il est fort et robuste, et je suis « faible et valétudinaire; il prêche, et j'ai besoin « d'être prêché; il a une grosse et riche abbaye, « et j'en ai une très-mince; il s'est trouvé de « l'académie sans savoir pourquoi, et l'on me

« demande pourquoi je n'en suis pas. Il vous
« doit enfin une pension, et je n'ai que le désir
« d'être votre débiteur. Je suis, etc. »

Le dernier abbé de Grestain fut M. de Tilly, qui y resta jusque vers l'an 1775, que le monastère fut détruit. Le dernier moine de cette abbaye, nommé d'*Albiac*, irlandais d'origine, mourut, en 1814, près d'Honfleur, alors âgé de quatre-vingt-dix ans.

« Si les rois voyageaient, dit M. de Mar-
« changy (1), ils avaient le droit d'être hébergés
« avec leur suite par les villes et abbayes où ils
« passaient, et ce droit de gîte et de chevauchée
« était, pour ceux-là même qui le devaient, une
« époque honorable, une occasion de fête, qui
« ravivait la splendeur d'une maison et ajoutait
« de beaux souvenirs aux traditions des châteaux
« et des pays. »

C'est un de ces souvenirs que conserve Grestain en se rappelant que Charles VII logea dans ses murs le 17 janvier 1450. Il venait de reprendre une partie de la Normandie sur les Anglais, arrivait de l'abbaye de Jumièges, et partit de Grestain pour faire le siège d'Honfleur; mais les Anglais, connaissant déjà leur défaite de Fourmigny, évacuèrent sans coup férir la ville à son approche.

(1) Voyez Tristan le voyageur.

L'abbaye avait vu, depuis le onzième siècle, s'établir près de ses murs un village, devenu assez considérable, sous le nom de *Saint-Ouen-de-Grestain*; mais en 1122 il devint la proie d'un incendie. La plupart des habitans du bourg étaient ruinés; ils allèrent chercher gîte ailleurs. L'église et quelques maisons qui l'entouraient avaient seules été épargnées par les flammes, et ce hameau subsista jusque vers l'an 1750, que de violens coups de mer achevèrent de détruire ce que plusieurs siècles avant les flammes avaient respecté. Un pilier subsiste encore aujourd'hui de l'église de Saint-Ouen; et deux ou trois cabanes de douaniers sont les seules traces de ce que Vosgien, dans son Dictionnaire géographique (édition de 1779), désigne, à l'article *Grestain*, comme gros bourg de Normandie.

L'abbaye, qui avait possédé des richesses énormes, et à laquelle appartenait une rue entière de la ville de Londres, qui lui valait, dit-on, chaque année, un boisseau d'argent, ne jouissait plus, à l'époque de la révolution française, que d'environ six mille livres de rente; achetée depuis par M. *Lalleman*, ex-armateur d'Honfleur; il y construisit, avec quelques restes de matériaux, une petite habitation agréable, occupée aujourd'hui par sa fille madame C....., mariée à un brave et ancien officier supérieur de l'armée d'Égypte.

Une ruine informe de l'église de l'abbaye de Grestain se voit encore (en 1828), et sa position sur un tertre qui recouvre d'anciens débris semble annoncer que des recherches souterraines n'y seraient pas vainement pratiquées pour l'histoire et l'archéologie. Faisons des vœux pour que des dépôts, peut-être d'un grand prix, soient enfin, après tant d'années, rendus à la lumière.

Me voici, mon ami, arrivé au terme de mon exploration depuis Quillebeuf et Lillebonne, points qu'on peut considérer comme l'origine de l'embouchure de la Seine. Différens auteurs ayant parlé avant moi de la partie de la rive droite, dont j'ai eu à m'occuper, je me suis borné à faire connaître quelques faits curieux qu'ils avaient passés sous silence. Mais la rive gauche avait été plus négligée; elle a attiré toute mon attention; j'espère que vous viendrez bientôt y juger par vous-même de la véracité de mes détails, et qu'ensemble nous dirons un jour avec l'aimable auteur du roman d'Édouard : *On aime les lieux comme des amis, et leur souvenir se rattache à toutes les impressions qu'on a reçues.*

FIN.

TABLE DES MATIÈRES.

Page.

Lettre première. Bolbec.—Le pays de Caux.—Lillebonne. — César Auguste. — Théâtre romain. — Statue antique. — Guillaume-le-Bâtard.— Conquête de l'Angleterre résolue.— Conciles.— Donjons des d'Harcourt.— Seigneurs de Lillebonne.— État actuel de cette ville.   1

Lettre II. Château de Tancarville.—Querelle sanglante des seigneurs de Lillebonne et de Tancarville.— Chambellans des ducs de Normandie.— Le contrôleur-général Law et ses quatorze châteaux.— Orcher.— La marquise de Nagu. —Sources gypseuses.— Arrivée à Harfleur.   10

Lettre III. Harfleur. — Édouard-le-Confesseur. — Henri Beauclerc perd son fils au milieu des flots. — Philippe-Auguste et Jean-sans-Terre. — Harfleur pris d'assaut par Henri V.—Conspiration des Cent Quatre.— Bataille d'Azincourt.— Charles VII à Harfleur.   18

Lettre IV. Folies d'Harfleur. — Fêtes des Fous, des Sous-Diacres, des Cornards, de l'Ane, de la Mère folle. — La scie d'Harfleur. — Cossé Brissac. — Punition des maris violens.   29

Lettre V. Graville.—Sainte Honorine, ses miracles.— Pèlerinage des sourds.— Château des seigneurs de Graville. — Supplice de Mallet de Graville.— Prise du château d'Évreux.— Port de l'Eure.— Notre-Dame-des-Neiges.—Singulier droit féodal.— Le Hoc.— La Lézarde.   37

Lettre VI. Le Havre.— L'hôtel des Indes.— Louis XII fondateur de la ville. — François I.— La Grande Françoise. —Le Caracon.— Françoiseville.—Coligny.—Villegagnon.

—Le Havre livré aux Anglais, et repris par Brissac.—Henri III.— Henri IV.— Louis XV et Louis XVI.— Napoléon et Marie-Louise. — Monsieur le Dauphin. — Madame duchesse de Berri.. 47

Lettre VII. La jetée. — Phares de la Hève.— Édouard III à Harfleur. — La Hougue. — Bataille de Fourmigny. — Guillaume-le-Bâtard sur la Dive. — Départ pour la Conquête.— Sidney-Smith prisonnier.— Reflux de la Manche. — Cap de la Hève. 58

Lettre VIII. Joseph II. — Sainte-Adresse. — Le comte de Forbin.— Ingouville.— Cabinet d'un naturaliste.— Salle de spectacle.— Prison du grand-Condé. — Bassesse d'un ministre. — Pensées philosophiques. — Émigration des Suisses.— Lord Selkirck.. 67

Lettre IX. Le parc aux huîtres. — La traite des nègres. —Georges de Scudéri.— Madeleine de Scudéri.—La comtesse de La Fayette.— L'abbé Dicquemare.— L'abbé Pleuvri.— Bernardin de St.-Pierre.— Casimir Delavigne.—Ancelot.— Tableau des âges de l'homme. 76

Lettre X. Le paquebot à vapeur.— Départ du Havre.—Espèce de colonie anglaise à Ingouville.— Les anciens passagers. — Le mal de mer. — Les premiers Normands, ou hommes du Nord.— Le duc Rollon.— Les marsouins.— Débarquement à Honfleur. 90

Lettre XI. Honfleur et son commerce.— Édouard III.— Hugues Spencer. — Henri VI. — Brézé.— Le capitaine Chaudet. — Montpensier.— Le navigateur Gonneville.— Louis XVI. — Bonaparte.— Madame, duchesse de Berri. — Les contre-amiraux baron Hamelin et baron Motard.. 99

Lettre XII. Notre-Dame-de-Grace.—Le point de vue.— Les pèlerins.— Les ex-voto.— Le peintre courtisan.— Le banc du Radier.—Projet de canal.—Le Mont Joli.— Monplaisir. — Sainte Catherine.— Melons d'Honfleur.— S. A. R. Madame, duchesse de Berri. 113

Lettre XIII. La Saint-Clair. — Pèlerinage pour les maux d'yeux. — La chapelle. — La source. — La louée des domestiques.— Saint Sauveur.— Moutons de Présalé. — Fiquefleur. — Ancien couvent de moines.— Jobles.— Grestain. — La Pommeraye.................. 127

Lettre XIV. La Pommeraye. — La Villaine. — Le banc du Havre. — La sente Joséphine. — Le mont Courel. — Le Lieuvin.—M. Masson de St.-Amand.—St.-Pierre du Châtel et ses avenues.— Grosourdis et le duc de Bourbon. — La marquise de St.-Pierre née Bardoul.— Notice sur le langage du pays.— Lettre d'un Normand.............. 136

Lettre XV. La Fosse Glame. — Posée de Berville. — Hellouin, seigneur de Berville.—Les pêcheurs.— Le Boulinguet.— L'espadon.— Les Tadornes. — Marais de Conteville.— Banc du Nord. — La Rille.— Le bac du Magasin. — La Roque...................... 154

Lettre XVI. Le camp des Anglais.—La pointe de Laroque. — Ermitage de saint Béranger. — Le marais Vernier.— Château du duc de Mortemar. — Caverne du marais.— Légumes monstrueux................... 162

Lettre XVII. Nouveaux détails sur le marais Vernier. — Desséchemens. — La Grand'mare.— Édit de Henri IV.— Anciens seigneurs du marais. — Quillebeuf.— Henriqueville.— Concini. — Conjuration de Latruaumond.— Dix-sept personnes victimes de leur imprudence......... 172

Lettre XVIII. Navigation à bord du St.-Pierre de Berville. —Instruction et probité de deux Bervillais.— Abbaye de Pentalle. — Le bienheureux saint Samson. — Judual et Canao.— Magie de la reine Ultrogothe.— Louis XI au bac de Saint-Samson. — Foullebec.— Conteville. — Hellouin et la belle Arlette. — Thiroux de Mauregard....... 187

Lettre XIX. Ducs de Normandie. — Comtes d'Evreux. — Intendans de Normandie.— Préfets de l'Eure.— Frognall-Dibdin. — Carbec. — Pèlerinage à Saint-Méen. — Pommiers des cimetières. — L'abbé Moisy.— Cachet d'oculiste. — Bruyère de Fatouville. — Banc des Cousines. — Oursins. — Géodes. — Poudingues............. 203

Lettre XX. Hameau du Feugrai. — Fatouville-sur-Mer. —

Une truie pendue par arrêt.— Martyr de saint Gorgon.— Le diplomate Fatouville.— Les amers.— Le val anglais.— Ruisseau de Jobles.—Moulin à papier.—Scierie de marbre. 216

Lettre XXI. Beuzeville.— Saint-Hellier.— Puits à mécanique.— Narré d'un repas normand.................. 223

Lettre XXII. La maison Mauger.—La Dauphrie.—Château de Saint-Maclou. — Le Prussien polyphage. — Pontaudemer.—Ordonnance de Philippe-Auguste.— Injuste punition des femmes de Pontaudemer.—Conciles.—Henri IV. —Hacqueville de Vieux-Pont...................... 237

Lettre XXIII. Couvent des carmes de Pontaudemer.— Frère Nicole le Huen et son voyage.— Pierre le Lorrain. — Le général Delannay.— Commerce de Pontaudemer. — Culture des pommiers.—Anciens vins de Normandie.. 247

Lettre XXIV. Abbaye de Grestain.— Sa fondation.— Histoire d'Arlette et de Robert-le-Diable.— Odon.— Robert. — Muriel.—Tombeau d'Hellouin et de la mère de Guillaume-le-Conquérant.— Ronde nationale de Falaise..... 257

Lettre XXV. Odon, premier abbé de Grestain.— Vie turbulente de ce prélat.— Tombeau de Robert, comte de Mortain.—Désordres effrayans dans l'abbaye de Grestain. — Abbés commendataires.— M. de Boismont.— M. de Tilly.—L'abbé d'Albiac.—Charles VII à Grestain.—Saint-Ouen-de-Grestain.—Dernières ruines de l'église de l'abbaye.. 264

FIN DE LA TABLE.